生活·讀書·新知 三联书店

# 三案始末

温功义 著
燕王WF 绘

插图本

Copyright ⓒ 2022 by SDX Joint Publishing Company.
All Rights Reserved.
本作品版权由生活·读书·新知三联书店所有。
未经许可，不得翻印。

**图书在版编目（CIP）数据**

三案始末：插图本／温功义著；燕王WF绘．—北京：生活·读书·新知三联书店，2022.10（2025.5 重印）
ISBN 978 – 7 – 108 – 07485 – 0

Ⅰ．①三⋯　Ⅱ．①温⋯ ②燕⋯　Ⅲ．①三案 – 通俗读物　Ⅳ．① K248.305

中国版本图书馆 CIP 数据核字（2022）第 147072 号

| | | |
|---|---|---|
| 责任编辑 | 卫　纯 | |
| 装帧设计 | 薛　宇 | |
| 责任印制 | 董　欢 | |

出版发行　生活·讀書·新知 三联书店
　　　　　（北京市东城区美术馆东街 22 号 100010）
网　　址　www.sdxjpc.com
经　　销　新华书店
制　　作　北京金舵手世纪图文设计有限公司
印　　刷　北京隆昌伟业印刷有限公司
版　　次　2022 年 10 月北京第 1 版
　　　　　2025 年 5 月北京第 4 次印刷
开　　本　880 毫米 × 1230 毫米　1/32　印张 7.25
字　　数　118 千字　图 12 幅
印　　数　20,001 – 24,000 册
定　　价　45.00 元
（印装查询：01064002715；邮购查询：01084010542）

## 写在前面

由于各种或隐或显的原因,"明史热"自20世纪初就席卷神州,直到今天都热度不减,甚至不免被人们做出种种奇妙的联系与阐释。除了孟森、吴晗、顾诚、黄仁宇等学院里响当当的名字,个别业余研究者在今天似乎更受到普通读者的瞩目。从这个意义上讲,明史研究在中国断代史界倒确实呈现出了良好的"生态机制"。而在学院和业余之间,我们今天隆重介绍一本容易被人忽视的小书——《三案始末》。

《三案始末》是用不足十万字的篇幅,厘清了明史上最为纠缠繁复又影响深远的梃击、红丸、移宫三案。而在进入具体的"案情分析"之前,作者从帝权与相权的矛盾入手,到万历"造因"为止,从制度层面交代三案动因,从帝王层面交代三案导火线,将明代的皇权与相权、朝廷与宦官,以及三大案的来龙去脉、前因后果、相互联系等条分缕析,给读者呈现出一幅明末宫廷、朝政和社会清晰生动的立体图形。后又通过天启、崇祯两朝对此进行的连续翻案，更呈现出门户之争的面目，为明代亡于党祸戾气埋下了伏笔。

三案的拖延之久、影响之大，正反映了明末政治的混乱局面。作者从这一角度入手，使读者能够见出明代统治阶层的内部纠纷，看清国政日趋荒废，同时对制度、权力有比较精简的呈现，颇见捷才。其文举重若轻、平易亲切，如炉边闲谈，娓娓道来。作者希望"通过三案的成因和经过，可以明白看出，明代多年来一力增重帝权，积势所及，产生出何等的积弊"，可见三案的根本，正是皇权独大与限制皇权之间的冲突。前者是千百年帝制下帝王最渴求的根本，后者是士人集团对政治礼法的信念诉求。而在明末这一特殊的时间点上，即使不冠以"知识分子觉醒"这类现代性命题，士人阶层对皇权独大的惨烈抵抗，从明末三案中也可见一斑，对作者"文革"后写作此书或许也有现实意义。

温功义（1915—1990），祖籍湖北武昌，其父曾为张之洞幕僚。温在北京（平）生活成长，少有才名，长于诗文；抗战后全家避居香港，因发表文章而被楼适夷介绍进入"香港文协"。1939年入香港大公报工作，被时任总编辑的徐铸成誉为"玉树临风，才华横溢"，颇得胡政之等人赏识，随大公报迁回内地，办理《大公报》分销业务。1948年后定居重庆。解放后，因性情耿直和莫须有的罪名受到

## 写在前面

长期排挤，只得赋闲在家。不羁俗务的他反而尽情读书且"述而不作"，偶尔著文、翻译，也只限自娱不求发表。"文革"结束后，受重庆出版社鼓励，于1984年出版了《三案始末》，后又著有《明代的宦官与宫廷》（1989）。温功义先生的著作，产量之少与质量之高同样惊人，很有些不世出的天才意味。他深厚的文史功底与隐逸世外的姿态，使他游走在学院与业余之间，成为一个独特的存在。

生活·讀書·新知三联书店编辑部
2022年7月

# 目 录

前　言 — *1*

帝权与相权 — *7*

从宰相到阁臣 — *31*

内　监 — *67*

万　历 — *83*
　　——三案的造因者

立储上的犹豫不决 — *117*
　　——三案起因

梃击案始末 — *137*

红丸案 — *147*

移　宫 — *159*

《三朝要典》，三案翻了过来 — *175*

崇祯嗣位，三案又翻了回去 — *193*

余　波 — *205*

# 前言

梃击、红丸、移宫三案，是发生在明朝万历末年的、彼此相关的三个宫廷案件。当时，它们被称为三案；明亡后，有些史家则称之为明末三案。

这三案虽说是宫廷案件，但其影响所及，却已远逾宫廷，波及于都城内外，以至边关和江南。由于种因远、影响大，所以自始便很为史家重视。它在当时之特别受人重视，是由于历时久而牵扯多，自内廷至外廷，多少人都卷入其中，有的还被弄得倾家荡产，并死于非命。后世之所以重视它，除去上述原因而外，还由于通过三案的成因和经过，可以明白看出，明代多年来一力增重帝权，积势所及，产生出何等的积弊。

历代的封建王朝，在增重帝权以求确保家天下的统治这一做法上，都曾做出了不断的努力，每个新王朝的兴起，大致都要总结前代之所以失，想出一些补救的办法，也就是所谓"兴利而除弊"。在这种兴革方面，明代是很突出的。有很多地方，它做出了极不同于以前各代的改革。这些改革，是经过了明太祖朱元璋、明成祖朱棣以及以后的诸帝，不断继承祖训、加以因革才形成的。

明太祖的改革，最突出的一点是废除了历代相承的宰相制。本来，他是无意废除这一制度，仍然承袭旧制的，所以在还没有建立起大明帝国、还称为吴国之时，便设立有左、右丞相的职位；到建立明朝以后，丞相一职也还保留了十余年之久。但是帝权与相权之间，自来便是互为消长，不断产生一些冲突的。朱元璋为了增重自己的权势，并为自己的子孙建立起稳固的基业，终于除掉了李善长、胡惟庸、汪广洋等几个曾居相位的人，并废除了这一职位。

取消了宰相的职位后，明太祖就把应由宰相掌管的事务重新作了划分：他把定制决策等大权，收归帝室，亲自掌握；实际的政务，则交由六部分担，提高了六部尚书的职权。但作为皇帝，自来便有"日理万机"之称，事务实已很多，而定制决策都要笔之于书，写成文件，这也是他力所难及的，所以动笔之事，还得另外有人来做。明太祖以至在他去世后继立为帝的皇孙朱允炆，便把这些事务交由翰林院中在内廷修史、修文的学士们来做。做这些事的人，在最初的二十余年中，一直是既无定职，又无定员，但他们确实又分担了历来宰相工作的一部分。

把宰相的工作分由皇帝、六部和无定职的词臣来分担，常常不免会显出散乱，并带有一种临时性的样子。使这种做法固定下来的，是举兵攻入南京的燕王朱棣，即后来的明成祖。朱棣很能体会他父亲要把相权分散的心意，却又要有专人专职来做那份原是并无定职、定员的工作。从他攻入南京，便建立起了明代的代替宰相的阁臣制度。这一制度，一直实行到明朝灭亡。

第一批被任为阁臣的有黄淮、胡广、杨荣、解缙、杨士奇、金幼孜、胡俨等七人。人数多，争吵冲突也就多，结果七人中解缙便被排陷而死，黄淮也因陷人得罪，去职入狱。他们的相争是由于争夺首列的位置。明代的阁臣也被称为辅臣，列居首位的称为首辅，首辅因有拟旨的特权，和皇帝的接触比较多，所以成为阁臣间争夺的目标。最初，阁臣间虽排有名次，但并非定而不移的，如解缙原本名列第四，后来却跃居首位，压倒了黄淮，以此形成了排陷的事件。后来很快在阁臣间便形成了名次定而不移的惯例，位居首辅的，永远居于首位，仅居其次的次辅，要想获得首辅的种种特权，必须等到首辅离去之后，才能递升，而首辅一旦归来，他却又得退居次位，交出已有的特权。这样阁臣间的争夺排挤，明争暗斗，就更形激烈，而且唯恐去而复回的首辅兴心报复，倾陷的手段更加狠毒，常是必欲置之死地方才放心。所以明代阁臣间的互争，远远超过了以前历代只有左、右二相的那些时候。这种争夺，对于明代诸帝来说，毋宁倒是很欢迎的。因为朱元璋和朱棣父子都是所谓雄猜之主,为了有利于他们后世儿孙的统治,臣下互攻,倒觉得是个好事。他们的子孙,对于其"二祖"的心意心领神会,在这方面续有所为,更逐渐建成了各部之间互有牵制、常多争议的政治机构,统治起来更加安全而又省力。明代有很多皇帝或想求仙,或是耽于酒色,常常多年倦于临朝,但他们的皇位和权力却一直保得很牢,不能不说是由他们所建立的这种互制局面取得的效力。但群臣大多陷于互争,于皇位的安全虽然有利,而于文化、经济等等方面则又起到了很坏的作用,一切日趋腐化,终于导致覆亡,则又是他们没能料到的了。

明代的内监有些人能到内廷所设的内书堂里读书,并公开取得了代替皇帝批示拟旨的权力,使明代各部之间的牵扯互攻更有所扩大,以致牵连到宫廷中的后妃和王子。本来,朱元璋有鉴于宦官之为患,对于内监的限制是很严的,不但不许他们论及政事,或与外官往来,而且严禁内监识字。他还命人将这些禁例,刻在宫门外的铁牌上,并且写进他留给后人的《洪武宝训》一书里。对于这些训诫,在口头上,他的后人虽都声称应予确遵,实际上则遵与不遵各由是否于己有利为定,有的不但不遵从,甚至背道而驰。例如,设立内书堂,派大学士来教有些小内监读书为文,使他们习于为政,便是违背所谓祖训的最突出的一点。

内监有了"批朱"权,能代皇帝批示内阁进入的拟旨,就使相互制约的局面更形复杂，宫廷与外廷之间，有些事也搅成一团了。三案的拖延之久、影响之大，便是由这种混乱局面所形成的。所以后来有些史家在研索三案之余便说，如想弄清明代相互制约的混乱纠纷，从三案入手，倒是个极好的捷径。

　　本书之作，便是想由三案这一捷径入手，使读者稍见明代统治阶层之间的内部纠纷，看清他们是如何把大部分时间都用于争夺排挤，而使国政日趋荒废的。如不对明代统治者间的各种政治力量稍有了解，便难于较清楚地了解三案，所以我首先便从宰相制的废除说起，使读者知道，明代的阁臣——虽也被称为相臣，入阁也被认为是拜相——其职责却与前代的宰相大有不同。知道这点便能对后来所形成的门户之争有些了解。历代宦官为乱，事例也多，但明代却很有些不同于历代之处，本书择要略加叙述，也是想使读者在这方面增长一些见识。明神宗（万历）是三案的造因者，对他自然不能不稍加叙述，同时由他也可稍稍知道一下明代宫廷之内的一些事情。这些都是了解三案的内情所必须交代的。

# 帝权与相权

宰相之为帝王的辅佐，其渊源是很久远的，也可以说自从有了帝王以来，就有了地位仅次于帝王的宰相。

这一制度，历来便都为论者所肯定。每当说到太平治世，总是以明君善于择相、贤相能竭诚事君，作为主要因素。很多相处得较为和美的君相之间，彼此也常以融和无间、如鱼得水，相互赞誉。粗粗见来，似乎君相之间总是以和衷共济、同心协力才是正道。但历观史籍、揆诸实际，却又不然。自殷周以来，便是君相合力共治之局，其间帝王掌握着最高权力，处理实际的政务则较宰相为少；宰相掌握着次高权力，而处理实际的政务却较帝王为多，彼此互为消长，彼此意见相合时固然常有，而彼此相异时却也时见。相合自然无话可说，相异则不免要相互让步，或竟发生冲突。伊尹放太甲，成王疑周公，便是极早的例证。自此而后，君相之间的斗争就没有断过，只不过是冲突的缓和与激烈各不相同而已。这其间，霍光、曹操、司马氏父子和桓温等人，都是以相权压倒了帝权的突出人物。

君相之间虽说不断有些争持，但从权位上来说，优势自然总是在帝王一方面的时候为多。而且每逢改朝换代，君相之间的权势总要有些变化，这变化的趋势则是帝权不断上升，相权则不断下降，因为每个开国之君为了保全他的基业，总要除掉一些前朝制度中对帝王起到约束作用的条文，而添上一些扩大王权的条文。历代继续这样修改，帝权与相权之间的距离也就越来越大。这样，到了明初，帝权和相权之间相距便已绝远，但明太祖朱元璋还是觉得宰相的权力对他的帝业终究是个威胁，最后终于把这个行之已久的宰相制给废除了。

废除了宰相制，君权越发增重了，君主专政，至此已发展到了顶端。这对于帝室的稳固自然是有利的，在有明一代的一十六帝中，于童年间便即位为帝的很有几个，另外又还有些倦于理事的人，多年避居深宫，很少临朝问政。然而即便如此，帝权还是很巩固的，并没有出现过权倾一朝、足以代立的人物，其最主要的原因当然应该说是取消了宰相制的缘故。不过，也正由于居安无危，明代诸帝，除去建国初期的所谓"二祖"以外，都极缺乏历练，只有宣宗、孝宗，稍为后世加以称许，其余都不过是些碌碌无为的人，坐视国是日非而振作乏术，终至内外交困，以至于亡。这又是一心只为增重帝权而殚精竭虑的人所没能想到的。

明太祖朱元璋之终于废除了宰相制，是在他建国为帝后，为了巩固帝权，经过多年的思虑和谋划，最后才毅然决定的。最初，他对设立宰相辅佐国政的制度，也是一如前代，并无一点疑虑。早在他建立大明帝国之前，还是称为吴国的时候，便已经设立起了宰相的职位了。从吴至明，宰相都称为丞相，共有左、右二员。那时位居左丞相的是李善长，位居右丞相的则是徐达。朱元璋建立了大明帝国，即位为帝以后分任左、右丞相的还是李善长和徐达两人。那时丞相的任所称为中书省，丞相之下设有左丞、右丞、参知政事等职称的属员。徐达在中书省为右丞相的时间并不久，只有两年略多些，后来便因要率领军队出征而离开了那里。李善长在徐达离去不久，也因病致仕（即退休）家居。继李、徐而任职丞相的，又有汪广洋和胡惟庸两人，汪是在李善长于洪武四年（1371）正月致仕之时即被任为右丞相，继李而来掌管中书省的事务的。胡惟庸比汪广洋的入相要晚两年多，他是于洪武六年（1373）七月才被任为右丞相的。有明一代曾任职丞相的只有李善长、徐达、汪广洋和胡惟庸四人，只从洪武元年（1368）到洪武十三年（1380）初，有过以左、右丞相为首的中书省；到洪武十三年，胡惟庸以谋叛被诛，中书省也随之而被撤销，此后丞相的官名和职所便都化为乌有了。

明太祖朱元璋是在即位为帝后才逐渐感到帝权和相权之间的冲突，几经设法想要加以调整，但都并不令他满意，最后才决意废除这一制度的。从他们君相之间自开国以至最后李善长一家被族诛，明太祖的不断谋划，事后看来，还是很显然的。

徐达在相位的时间最短，他又是四个丞相之中唯一未被处决的人，所以在他和朱元璋的关系之间，有关宰相制的废除的迹象并不多。可以略去不说。

首先要说的，应是朱元璋与李善长二人之间的变易。李善长是在朱元璋还是郭子兴的部将之时，便与他在军中共事的旧人，他们原是相交极厚，彼此非常相得的。李善长是个极有智计，料事多中，并且极有决断，敢于任事的人。史家说他是"少读书，有智计，习法家言，策事多中"，很确切地道出了他的特点。正由于此，他在作为郭子兴的一个部将的参谋之时便已极为有名，引起了郭子兴的注意，郭曾很有意把李善长从朱元璋的幕中选拔出来，作为他自己帐中的参谋。那时的朱元璋对李善长正是倚信至殷，认为谁对他的帮助也赶不上李善长，如何舍得让他被调走？但是郭子兴的谕令他又不敢违抗，真是去既难舍，留又不能，陷入了极其为难的困境。同样，李善长也不愿离开朱元璋而另图高就。一则是因为他在朱元璋这里是居于首席谋士的地位，真可以说是言听计从、心意互通；转到郭子兴那里，会变成人微言轻，哪里比得上这里？其次，就是他后来常常夸说的，他早就看出朱元璋生有异禀，是个能成大事的人,所以他才乐意一直辅佐着他。李善长不愧是个"多智计"的人,他对郭子兴的拔擢想出了很多辞谢的方法,通过多方说项,终于使得郭子兴既不怪罪,又摆脱掉了他的选调,仍旧留在朱元璋的幕中。经过这样一番周折,朱、李二人的情谊又更增进了一步,合作得更见尽善尽美了。

在天下未定之时,李善长和朱元璋二人之间,实在是日见亲厚,有似如鱼得水一般。这由于李善长确实很有才干,而又勇于任事,多谋善断,很多决不待时的事,他都能抓紧时机,不多和人商量,独自及时便办妥了。朱元璋得他这样相助,真是事事都可放心,省却无数麻烦。对于朱元璋来说,在他连年征战,削平群雄,以迄建国之时,李善长确是一个兼具萧何与张良二人之长的人物。在军中,李善长是"为参谋,预机画,主馈饷",指挥作战和组织供应,他都兼管到了。在建国之初,一切有关政、经等项的法规和制度,以及郊社宗庙等等的礼节和仪制,也都是由李善长亲自加以制定,或者由他率领有关诸臣,一一加以制定的。明代建国之初,论起功来,无论就任何方面来说,李善长应为功臣之首,实在是众口一词,并无争议的。朱元璋对于这一点也很明白,所以在最初封公的六人中,李善长是居于最先的地位(其他五人是:徐达、常遇春的儿子常茂、李文忠、冯胜和邓愈),在为他封公的制词中,明确地把他和汉初的萧何为比，也正显然表明了当时人们对他的一致的看法。

朱元璋和李善长的相离日远，最后竟成为相互有敌意，是在建国之后才逐渐开始的，也就是帝权和相权之间的冲突日益加剧而引起来的。这也是情势不同，利害各异，因而产生的必然结果。在逐鹿中原的军中，敢于任事，当机独断，原是极可赞许的长处；而在建国之后，则不免被目为独断专行，为已登大位的皇帝视为不能忍受的行为了。这种情况，可以说是，自古以来无代无之，所谓"共患难易，共富贵难"，便正说明了这个。范蠡在帮助越王勾践打败吴国之后便泛舟五湖；张良在辅佐刘邦平定天下之后便飘然远引，从赤松子游。这些事之所以为历代论者叹赏称许，便是由于他们能够看清时势的变易，而情况有异，能够早自为计，洁身而退的缘故。李善长辅佐朱元璋建国，有类于范蠡和张良，但在功成身退上却绝异于他们，而明太祖朱元璋的雄猜之处又绝不逊于勾践和刘邦，甚且尤有过之，所以二人在建国之后，共富贵时，便难于搞得好了。

由于李善长没能见到时势有异，行事也应有所不同，所以他在洪武初年身为左丞相时，与他身在军中作为谋主之时并无什么改变，甚至专恣自用还更有过之。凡是让他觉着看不顺眼的人，或是有人冒犯了他，便毫不宽贷，立即定下罪名，奏而黜之。在他，原不过是本着他的敢于任事，当机立断惯例，照旧而行而已。但在已经身登帝位，成为开国之君的朱元璋看来，这样的做法，却是太过目中无人，竟然忘了还有他这么个高居尊位的皇帝了。一次两次，尚自犹可，次数一多起来，更觉忍无可忍。他对李善长的不满，便是由此开始，对于相权感到应该有所限制，也是由此而产生了苗头。但是，李善长的功高望重，他还是很清楚的，处置不当，会引起不少不良后果，他也非常明白。他虽十分不快，但还是隐忍着，等待有个适当的机会。到洪武四年（1371），这样的机会恰好来了。那是恰好李善长患病在家，自觉多日未能前往中书省治事，心有未安，便上疏恳请致仕。他这样做，无非是略以示意：一则是略示未能任事心有未安，二则也是借此以为探试，看看皇帝对他究竟如何。这种手法，也是历代大臣所惯用的。李善长认为，疏文递上之后，皇帝温谕慰留是肯定的，他想知道的，不过是慰留的词句到底可以达到何种程度罢了。但是，出乎他的意料，朱元璋得到奏疏之后，并没有如他所想的那样，下诏温谕慰留，而是顺其所请，立即钦批，准其致仕了。这对李善长来说，无异当头泼了一盆冷水。

朱元璋所以这样做，也是深思熟虑过的，有他的用意。这一则是明白显示出恩礼之衰，使李善长自己感到，不再恣情自用，可以保住晚节；再则，让他离开政府也可减少他们彼此之间的摩擦，对李善长来说，也寓有保全之意。

不过话虽如此，这种做法还是显得过于寡情，有些近于毒辣。以功高望重如李善长而言，结果竟至如此，实在很令人寒心。这些，朱元璋自己也很明白，他的补救方法是从赐给优厚上加以弥补，对李善长的家人也特加恩礼，到洪武九年（1376）更将自己的女儿临安公主下嫁给李善长的长子李祺为妻，恩遇更见加重。这样，李祺便成为位在伯爵之上的驸马都尉，李善长也成了国戚，从表面上看来，关系比以前仿佛更为亲密了。其实，这种一打一拉的做法，已为历来所习用，起不到什么作用了。

徐达是在李善长致仕之前便已离开了中书省的，李善长如又致仕，便会主持无人。那时朱元璋虽已感到宰相的权势对他的帝权很有威胁，但还认为那只是由于李善长恃功恣肆，所以才会如此，换上个谨饬小心的人，情形便不同了。经过多方权衡，明太祖选中了由汪广洋接替李善长的相位。就在李善长获准致仕之日，便也是汪广洋得入中书省，调升右丞相之时。

汪广洋也是个追随了朱元璋很久的旧人，还在朱元璋建号吴国之前，他便已在朱元璋的帅府中任职。汪广洋在帅府中所任的官职是令史，那是个兼具参谋和秘书的作用的职务。汪广洋是个遇事很能深思，小心谨慎，且又精明仔细的人，他是以"廉明持重，善理繁剧"为朱元璋素所深知的，选他来接替李善长，正是看中了他的这些特点。

汪广洋曾两度出入于中书省，都是被任命为右丞相。第一次是于洪武四年（1371）正月接替李善长独任相职。这次他在中书省工作了整整三年，于洪武七年（1374）正月，以"无所建白"，被降为广东参政。第二次的任职时间比第一次还略短些，他是于洪武十年（1377）九月又被调回重任右相，到洪武十二年（1379）又以得罪去职的。

汪广洋的两度出入中书省，都和李善长有些关联。他和李善长虽然都曾在朱元璋的帅府任职，但两人间的往来并不多，朱元璋用他来接替李善长，这一点也是决定的原因之一。汪广洋是个细心人，朱、李之间暗中已有矛盾他是很清楚的，接事之后，为了仰体帝心，自然更要竭力保持和李善长少有往来。他这样做，是很为皇帝所称许的，这成为他有利的条件。但从另一方面来说，疏远着李善长，在工作上又给他带来了很多的阻扰和麻烦，他第一次竟以"无所建白"去职，最致命的原因便就在这里。他是以谨慎小心、廉明持重、善理繁剧而著称的，这些长处作为一名令史虽然颇为裕如，但作为一名见利害于机先、决成败于庙堂的宰相，他可就显得才力有所不及了。李善长的专断固然使朱元璋着恼，但其处事善得机先，洞中窍要，却又使他深为赞叹；汪广洋凡事都必请示，虽说是个长处，但事无巨细，都得他自己来想主意，可也是个麻烦。相比之下，便更显出李善长的好处来了。另外，李善长虽说致仕家居，却仍居住在京，对政务的影响依然颇具潜力，而且中书省的属员，如左丞、右丞、参知政事等官，都是他一手提拔、安置下的，他人虽去职，声威仍在，很有遥控政柄的作用。汪广洋如果对李善长敬如前辈，随时都向他请教，或者还可少些麻烦，对之疏远，彼此成了对头，阻力可就大了。

李善长致仕家居而能遥执政柄，另外有个原因也很重要，那便是明太祖感到自己待他显得太薄，担心影响不好，为了改善观听，遇有大事，每常加以咨询；汪广洋显出办事乏力之后，对他的咨询也便更多。李善长掌握了朱元璋对汪广洋日渐感到失望的情况以后，于是因利乘便，得以把与他亲厚的胡惟庸推荐进中书省。

胡惟庸是于洪武六年（1373）七月进入中书省的，他与汪广洋一样，也是被任为右丞相。左相无人，身在相位的两人却同为右相，这是出乎常规的。以历来的规例而言，汪广洋资历在前，应升为左相，二人一左一右，稍见轩轾，才是正理。同居右相，虽说互不为下，但却很显然地透露出了对先已在位者恩礼已衰，其将不能久居其位，明眼人也便立时可以感到了。

胡惟庸很早便以精明干练受知于李善长，曾多次受到他的推荐和提拔。他们之间的情谊日见深厚，后来更成了亲戚，胡惟庸把他的女儿嫁给了李善长的弟弟李存义的儿子李佑。李善长把胡惟庸荐入中书省，一则是由于彼此关系密切，更有利于他对政柄的遥控；再则也是看出了汪广洋势位难保的契机，想由胡惟庸把他从中书省挤出去。

进入中书省，胡惟庸的境遇和汪广洋实在大有不同。李善长的那些旧属们，都尽力帮他，他本人又是个办事干练、颇多智术的人，任事之后，一切都显得头头是道，很快就把汪广洋比得越发黯然无光了。朱元璋早就感到汪广洋实非相才，胡惟庸入相后，对比之下，更觉显然，所以才只过了半年，便已迫不及待地把汪广洋贬谪到广东去了。

胡惟庸才始入相，明太祖对他是很满意的，因为他既比汪广洋善于任事，又不像李善长那样遇事专断，有两人之所长又无其所短，实在是个很合理想的人物。胡在和汪共相时，确实也表现得很好，因为他一上来便和李善长有个要把汪广洋挤走的默契，所以尽心竭力，在在都要把汪广洋给比下去。等到心愿已遂，汪广洋已被挤走，他的做法渐渐便又不像以前那样了。这一则是他自觉已经获得信任，不必再像以前那样事事都加倍小心；二则是汪广洋已去，少了个碍手碍脚的人，放开手脚不会再有什么忌讳了。明太祖是个雄猜之主，对于臣下无时不在访查，对于这些变化，如何会长久不知？渐渐他已发现，胡惟庸遇事隐瞒、专断！与李善长也竟相差不多，而其贪婪好利，比起李善长来，甚至还有过之。此外，他还发现李善长和胡惟庸颇多相互勾结之处，李善长遥执相权的作用比以前似更加甚了。看到这些，他深悔把汪广洋降逐一事，觉得汪广洋如在中书省，虽说办事无力，但却像是他的耳目，情况会好得多。

汪广洋被贬为广东参政，当然不会平心静气，他知道挤走他的虽然是胡惟庸，而在暗中作为主谋的却还是李善长。他怀着一口恶气离京赴任，暗中却下定决心，要设法加以报复，出出这腔怨气。他虽远在广东，对李善长的所作所为，却时刻加以注意，一点也不放过。到洪武九年（1376），他把李善长的不法行为已经搜集到了很多，便和与他同时做过御史大夫的陈宁合疏参劾李善长，列举了李的种种罪行，认为李善长实已犯有"大不敬"之罪，不能不予以严惩。这一疏文递得正合明太祖的心意，他想到汪广洋与李善长和胡惟庸原本就很不和，如今有了这本劾疏，嫌隙就更显然，如果把汪又调回中书省，胡、李二人定多顾忌，再不敢相互勾结，常事欺瞒了。主意打定，立即便予施行，于是就在洪武十年（1377）九月，先将胡惟庸升为左相，同时又把汪广洋从广东调回，重进中书省，又任为右相。他这样做，用意很深。升任胡惟庸为左相，是因为办事还想靠他，予以晋升可以具见倚畀之意；再则，调回汪广洋，胡不免会有些惊疑，有此一升，也是加以平复。汪广洋调回，不过是作为耳目，是要让他起点妨碍作用的，但又不必过于妨碍，以致或竟会至阻碍正事，做个右相，稍有差别，倒是正好。他的算盘打得很好，但实际上却又一点也没能够如他所愿。

汪广洋没能如明太祖所愿，有很多原因。从他自己这方面来说，他原是个小心谨慎的人，一力疏劾李善长是由于负屈被谪，一腔愤怒，才鼓起他的劲儿来的。既经官复原任，他自觉总算有了公道，便不愿再行多事，那样就不合乎"君子不过为已甚"之道了。更有甚者，他觉得自己那么力攻李善长，而疏入之后竟然毫无影响，可见他的根基之固，再去惹他，未免也太不明智了。他和胡惟庸共事的半年中，虽说受到过抑压排挤，但对胡的办事能力和圣眷日隆，则是印象极深；胡又晋升左相，更加深了他的深得帝心的印象。有了这样的看法，所以汪广洋对李、胡两人便都"敬而远之"，对他们既不表示亲近，也不敢再找麻烦，只想以虚与委蛇作为自保的得计。从胡惟庸那一方来说，明太祖何以要把汪广洋调回中书省，用意所在，他是很清楚的，最初当然既很不快，也不免稍有顾忌。但是他对汪广洋一向颇为轻视，以前同为右相，他又是个新手，尚且没把汪广洋放在眼里，如今他的位置较高，更加觉得并不足惧。经过三两个月的观察，觉得汪广洋比以前似乎更加怯弱，于是不但不因而稍形收敛，反而更加恣纵起来。

把汪广洋调回中书省重任右相，是明太祖解决帝权与相权之间的冲突的最后一着。这一着的失败，使他很是气恼，打算撤销中书省，废除宰相制的想法，至此已初步形成。但是废除历代留下来的制度，绝非易事，他只有耐心等待，寻求机会。但是他已毫不隐讳地公开表示对相臣的不满，常常敕责他们，为废除这一制度开始创造条件。恰好从他征战多年的大臣刘基（伯温）突然暴卒，一时有很多不利于胡惟庸的传说，朱元璋觉得这倒是个很好的机会，他想由此根究，也许便能打开局面。他认为刘伯温被胡惟庸命人用毒药加以谋害一事，汪广洋一定会很清楚，因此便把汪广洋召入宫中密加询问，想从他那里得到证实，并听到更多的细情。刘伯温与胡惟庸一向不和，刘的死有很多暧昧可疑之处，汪广洋原也是都知道的，但传说纷纭、事例不一，又都没个确据。他是个持身以正、小心谨慎的人，既不愿捏造事实，入人以罪，也不想传布谣言，行涉轻薄。他采用的是息事宁人、一了百了的办法，对于刘伯温被害一事，竟说一无所知，外间传言，纯属子虚。他还借机向明太祖进言，以为如此轻疑相臣，似非圣君所宜有。他这些话，大有站在胡惟庸一边，为他辩护的意味，使得朱元璋不由分外恼怒：调他回来，原是让他做个耳目，看住胡惟庸，随时作些密报；如今竟然成了胡的一伙，如此昧良辜恩，岂可加以容忍？大怒之下，立即以"朋欺"（庇友欺君）之罪，把汪广洋贬往边远的广南地区。事过之后，明太祖想到他的计划又被汪广洋毁于一旦，怒气更甚，更想到，汪广洋复入为相已经两年有余，这么长的时间，他竟一点也没起到让他回来的作用，这样玩忽忘恩，真是罪不容诛！他越想越气，最后终于派出一行专使，要他们捧着赐死汪广洋的敕书，加急前往追赶汪广洋，在哪里赶到，便在哪里宣诏，立即加以执行。专使是在汪广洋乘船行抵太平之时把他赶上的，汪广洋便是死在那里。

处置了汪广洋，给胡惟庸的震动很大，同时明太祖对他的不满也越加显然，时时对他公开加以责斥，使他更加惶恐不安。不久，又查出汪广洋被赐死时，有个从死的妾陈氏，竟是获罪后妻女并皆入官的陈知县的女儿。明太祖朱元璋得知此事，不觉更为震怒，他说："没官妇女，上给功臣家。文臣何以得给？"他敕令法司要彻底追究此事，于是从丞相胡惟庸以至六部堂属各官都因此负有罪责。这时，明太祖对胡惟庸的责怪更加显然，连胡惟庸的左右也都显得惴惴不安。有人说朱元璋所以要这么频频斥责胡惟庸，是因他已怀疑胡惟庸似有异心，想以严威加以震慑，并可使其左右由于恐惧而分崩离析，可以泄出密谋。这种说法并无确据，不过那时有人上变告密倒是确有其事。最早上变的人是御史中丞涂节，他首告胡惟庸结党谋反。与之相呼应的是另一个被谪为中书省属吏的御史中丞商暠（hào），他也揭发了胡惟庸的很多阴私。

明太祖处理这事很为迅疾，告变之后，立命廷臣即予审讯，审究出了谋叛人员，便即予以处决，连告变人涂节，也因廷臣说"节本预谋，见事不成，始上变告，不可不诛"，便也与胡惟庸和另一主犯，即曾与汪广洋共同疏劾过李善长的御史大夫陈宁，同时杀了。

　　上变告叛原属非常大事，所告的又是在职的左相，更是非同小可。依理而言，办这类事不能操之过急，总得穷本溯源，才能一网打尽，无人可以幸免。但这件事却竟做得这么草率马虎，使人觉得实在有些费解。对于此事，历来便有绝然相反的两种说法。其中的一个说法认为，明太祖所以要这么做，其意确实是想保全李善长，李和胡是亲戚，又是他的举主，深究下去不会全然不受连累，只有草草了之，才能确予保全。另一说法则与上说完全相反，持此说的人认为，明太祖在决心废除宰相制后，便已感到对他威胁最大的还是李善长，为了巩固帝业，必须除掉这一隐忧。胡惟庸被告称谋叛，证据原并不足，深究下去，可能连胡惟庸也不会被坐成死罪，更难牵连上李善长，不如迅即认定谋叛是实，即行杀掉，案子放在那里，倒好借此另做文章。他连上变的涂节也全不放过，也是为了一切都已死无对证，倒可便于妥善安排。这一说法有类于事后追论，都是据事而言，说来倒也头头是道。

　　在胡惟庸被诛之始，事态的发展倒是确乎很像有意保全李善长。以历代通例而言，身为举主，被举荐的人以谋叛被诛，即不随同被杀，因而获罪总是难免的。而李善长则是不但并未获罪，却反又有管理御史台之命，重又登上朝堂。不仅他是如此，就连他的弟弟，与胡惟庸是儿女亲家的李存义，李存义的儿子，胡惟庸的女婿李佑，他们也都一切安然，全都无事。事情如此出人意料，难怪曲意保全之说一时甚嚣尘上了。然而事情实在并没有完，表面上虽很平静，暗中却很紧张，胡惟庸的罪状一直都在查证着。

表面上的平静竟保持了五年，到洪武十八年（1385），麻烦开始轮到了李家。麻烦是从李存义和胡惟庸是至亲而首开其端的。有人告发李存义和他的儿子李佑，说他们不只是胡惟庸的至亲，实在也是共同谋逆的同伙，不应任其漏网。这祸端来势不小，伙同谋逆，不但本人是个死罪，连族人也不免要受些牵连。但明太祖对此事的发落却特别从轻，他特别下诏，着李存义和李佑都予免死，只把他们全家都安置到崇明岛去闲住。这事处理得这么轻，而李善长还是一点也没有牵连到，一时使人觉得他的功高望重真是深在帝心，什么事也不会影响到他。依理，李善长受到这种殊遇，便该上表谢恩，既先自行引罪，又表明如何感戴皇帝对他的天地之恩。但是李善长却没有这么做，他对此事全然不予理会，好像和他全不相干。这种冷漠态度，使明太祖深感不快。李善长所以如此，有人说是出于疏忽，以李善长之精明干练，持此说者为数极少。有人说，他这样做，意在表明君臣之间相处无间，不必多此一举。这倒像也有点道理。

胡惟庸谋反一事的查证，仍在不断搜索，并且时有所得。洪武十九年（1386）明州卫指挥林贤通倭事发，审明他是奉胡惟庸之命下海通倭的，于是胡惟庸谋反，又进一步得到了证明。洪武二十一年（1388），将军蓝玉出塞，在捕鱼儿海地方又拿获了奸人封绩，这人原是元朝的旧臣，后来归降了的。据说他常往来于蒙汉之间，并曾为胡惟庸送过勾通元嗣君的书信，胡在书中称臣于元嗣君，并请其派兵以为外应。这些都是封绩再次被捕才审出的，蓝玉初次捕到封绩时，却为李善长施加影响，并未入奏，并把封绩也给放了。直至洪武二十三年（1390）五月，封绩又被捕入狱，事情才经审明，而李善长厄运终于也就临头了。

在大祸临头之前，李善长还做了一件为自己增重罪嫌的事。他为了娱老，便大兴土木，由于短缺工人，曾向信国公汤和索要卫卒三百人，以供营建之用。以营卒为工役在封建时代原本是常事，明代也并不例外，自明初至明末，也都是这么干着的。不过，这个汤和却是勋臣之中最为胆小怕事的人，多一步也不敢走。他这份胆小，却也真给他带来了好处，后来明太祖大杀功臣，勋臣中得保首领的很少，而汤和就是以胆小而获得善终的一人。汤和胆子小，李善长向他要卫卒，自然绝不敢不给；然而李善长的恩遇已衰，他也已早有所闻，当真派给他也许会惹上祸事。在他看来，明太祖和李善长都是不能违抗的，而事难两全，可真难坏了他。他几经考虑，觉得只有如数照派，一面并将派兵给李善长一事暗中向皇帝奏明，才得两全其美。他心安理得地这么做了，至于这无异是密告李善长聚集兵力，他可没有管着。

凑巧这时又发生了一件事，有如火上浇油，更加速了祸事的爆发。那时京中正有一批罪民要移向边塞去实边，就中有个叫丁斌的人却是李善长的私亲。李善长素来便对和他有关的人很肯关照，这也是历来培植私人势力常有的手段。对于丁斌要去徙边，李善长原只认为那不过是一件小事，曾几次为其求免，他万没想到这事竟然成了爆发祸事的导火线。

由于对李善长越来越感到疑忌和恼怒，明太祖朱元璋不但没有应许李善长的请求，使丁斌免于徙边，反而立予拿问，交由法司严讯，要他供出他所知道的李家成员所做的诸多不法事件。这个丁斌，偏巧又是曾被李家荐往胡惟庸处，在胡的属下做过些事的，一经审问，供出了不少李、胡两家相互往来的事情。这样，便坐实了李存义、李佑父子伙同谋叛的罪状，即行从崇明岛拘捕进京，重新论罪。

事情发展至此，李善长将获重咎已成人所共知之事，于是他的左右便突然瓦解崩溃。首先是他的仆人们，大家为了免祸，便都纷纷出头首告，把李、胡之间如何密切往来，如何互通贿赂，如何时常屏人密谈等等，都分别揭发出来。李善长暗放封绩一事也这样才被揭发出来，因而又被捕获入狱的。

不利之事纷至沓来，已使李善长很够受的了，偏巧那时又适有星变，据占者说，星变应主折伤大臣，这一下可成了李善长最后的一道致命符，加速了朱元璋除掉李善长的决心。他立颁严敕，说李善长以"元勋国戚，知逆谋不举，狐疑观望两端，大逆不道"，将李善长并其妻、女、弟、侄等七十余人都问成了死罪，全都杀了。只有李善长的长子李祺，李祺的儿子李芳、李茂等人，由于临安公主之故得到恩免，没有被杀。但是就连临安公主也和他们一样，都被逐出京外，被远徙到江浦地去居住了。

与李善长同时被杀的还有陆仲亨、唐胜宗、费聚、赵庸等人，其中唐、费、陆三人还都是封了侯的。那时为了肃清逆党，到处侦捕，牵连蔓引，历时达数年之久，史称诛戮人数共达三万余，真是一场规模极大的屠杀。为了把李善长的罪状昭告于天下，以见其罪有应得，朱元璋还把李善长及其从犯的供词勒为一书，名曰《昭示奸党录》，印出多册，发往各地，俾众周知。其意一在晓谕臣民，使之知所惧戒，不敢再行谋逆；二则也是昭示李善长等都是罪有应得，并不是他大杀功臣，所谓"飞鸟尽而良弓藏，狡兔死而走狗烹"。

明代在洪武十三年（1380）胡惟庸被诛，中书省也随即撤除，宰相制可以说在那时已被废除了。但真正地在人们的心目中根除了建立宰相制的想法，则还该说是在李善长被族诛后才彻底根绝。到李善长的被杀，明太祖痛心疾首于这一制度已极显然，而且身居相位的四个人中有三人被杀，也叫人感到这个相位真也太可怕了。

说是为相的四人中只有三人被杀，历来便很有人颇为不以为然。因为一直便盛传着一个说法，说是徐达也不能算是得到了善终。很有些野史中都传说着这么个故事，说是徐达暮年曾患过一场重病，病愈后医生郑重嘱咐过他，此后切须忌食河鸭，吃了病会复发，一发便即无救。这是性命相关的事，徐达自然切记在心。可是忽有一天，明太祖因念及功臣，派来内监赐食给徐达，所赐的竟然是只全鸭。依例，天子赐食，应立即拜食，还得当场吃尽。所赐的食物虽说即将致死，徐达也只有含泪拜食，别无他法。因为食尽而死，为祸尚小，总可免于祸及子孙；倘若违命，则仍难免一死，而且满门都会遭殃了。徐达吃下了赐食的全鸭，果然不久便病发而亡，所以这次的赐食，实无异于赐死。因而有些论者便说，明代四相，没有一个是获得令终的。不过，话虽如此，徐达的身后也与其他三人大有不同，倒可说是备极哀荣的。据《明史》所载，在徐达死后，

"帝为辍朝（即停止临朝），临丧悲恸不已。追封中山王，谥武宁，赠三世皆王爵，赐葬钟山之阴，御制神道碑文。配享太庙，肖像功臣庙，位皆第一"。他的子孙的遭遇与其他三人的子孙更极不同，他们一直嗣封不替，还有封公者二人，可以说是簪缨不断，与有明一代相始终。这种情况，就是在洪武诸功臣中，也是极少见的。

在被杀的三个相臣中，可说以李善长受祸最惨。他这个人，史家说他是"外宽和而内多忮刻"，人缘并不算好。但他竟以协同胡惟庸谋叛而被族诛，人们大都还是觉得实在太冤。但在皇帝十分震怒、连年大杀大砍那样的声势中，敢于为他称冤的人却又极少。然而，并不怕死，敢说真话的人，终究还是随时都有。就在李善长被杀的次年，那时搜捕诛杀还正在高潮，便已有个虞部郎中王国用，竟敢大胆上书为李善长述冤。他在书中先说到李善长的功劳和所取得的荣耀，他说，"李善长与陛下同心，出万死以取天下，勋臣第一，生封公，死封王，男尚公主，亲戚拜官，人臣之分极矣……"，认为达到李善长这样地位的人，除非他想自立为帝，似乎还有可说；如果说他竟想辅佐别人，再为勋臣，可就太难让人置信了。因为，他这样干，即使又得成功，他所能得到的仍不过是勋臣第一，生封公，死封王而已，他何苦放着现成的不要，又去冒着危险，从头另来呢？他又把李善长与朱元璋之间的戚谊，和李善长与胡惟庸之间的戚谊相互比较，认为李善长愿重新辅佐胡惟庸为帝更不可能。因为李的儿子娶的是皇帝的女儿，彼此间是直接的儿女亲家。李与胡则不同，那是李的侄儿娶了胡的女儿，彼此之间隔着一层，相差得已太远了。李善长不是个糊涂人，他竟会连亲疏都分辨不清吗？最后他说杀李善长以应天象，认为更加不可，因为功高如李善长竟被杀了来应星变，恐怕四方闻之都会解体。王国用上书的内容，有些人是知道的，在那杀人如麻的时候，都很担心他会因此贾祸。出乎意料的是，上书以后，并没有招来什么祸事，王国用竟像没上过书一样，平平安安地就过来了。有些论者认为，不为王国用直道出了他的漏洞而赫然大怒，正是朱元璋的精明老辣处，书中所说的一切，他自己也都清楚，把这些都远远抛开，不再提起，倒是最聪明的办法。

明太祖为了使他的后人能稳坐江山，确实煞费苦心，也用去了很多精力。他除了为增重帝权而废除了宰相制并几次大杀功臣外，还把他的统治心得勒为《洪武宝训》一书，要他的子孙敬谨遵循，认为那将会使他的江山永固。这个《宝训》集中了很多作为皇帝的制驭之道，明代的诸帝，提起来时无不视若圣书，但对其中的各项条文却只拣对他们行事方便的才肯遵行。有很多显违《宝训》的事，但他们如觉更为方便，就不理会这个《宝训》是怎么说的了。"定法不是法"，在历代皇朝中，自来便是如此。

# 从宰相到阁臣

废除宰相制，是明太祖朱元璋久经筹划过的。他的设想是，一切政事由六部分管，由皇帝直接统驭着六部，除去夹在皇帝和六部之间的中书省这一层。洪武十三年（1380）中书省被撤销后，便开始试着照他的设想来做。但一切都集中于皇帝一身，却又是绝难照管得了的，尤其是定制、拟旨、批示等类的文书工作，更非一人所能尽理。解决这个难题，他是利用一些在内廷工作的学士、讲官，以翰林院中修史、修书的编撰人员来做这些文字工作。这些人有如一些办稿人员，或是秘书，初时并无定员，也无定称，从洪武十三年到继他为帝的皇孙朱允炆（wén）的建文四年（1402）的二十多年里，便是这样办理国事的。到朱元璋的四子燕王朱棣以"清君侧"为名，攻入南京，夺取了帝位，便把这种办法确定下来，使这些人员有了定员，并也有了定称，直至明亡，都是如此。

这些代皇帝办理机务的学士们，在有了定员以后便都被称为"阁臣"，这是由于在他们的学士职称之上，都冠有他们办事处所的殿、阁名称,如中极殿大学士、文渊阁大学士、东阁大学士等,所以人们便都以"阁臣"呼之,后来便习为定名了。阁臣或也称"辅臣",那是皇帝常用来称呼他们的,在行文中也以称辅臣时为多。在民间,阁臣还常被称为"阁老",那可是口头上的尊称了。

明代最初被任为阁臣的一共有七人,他们是黄淮、胡广、杨荣、解缙、杨士奇、金幼孜和胡俨。他们都是在朱棣打入南京,即位为帝,还未改元永乐时便已被任命了的。

自从有了阁臣,可以说在政治机构中便真正没有了宰相。但由于阁臣的权力虽比宰相小得多,其职务还是承上启下,发布政令,还带有宰相职权的一部分,所以人们还是习惯地把他们目之为宰相,被任为阁臣,习称为"入阁",而"入阁"和"拜相"也竟成了同义语,甚至还常联合并用,某人一经入阁,人们便说某人已经"入阁拜相"了。贺人入阁的诗文,也常是径以"入相"为贺。所以在明代,宰相可以说是"实亡而名存"。

但是话虽如此,宰相和阁臣仍有很大的不同。两者最大的不同处,便是宰相有他的办事处所和发挥政令的机构。以往历代的宰相都有他自己的相府,府中上上下下有很多府属。明代的相府称为中书省,省中也有左丞、右丞、参知政事等属官。阁臣可全没有这些,他只是在殿、阁中办事,手下的人员也只有些管理卷宗和抄写文书的属吏而已。

在品级上，二者也很不同。宰相是个位极人臣的职位，总得身居百官之上的人才得身登相位；而阁臣则并无这些限制，各类学士官级才只五品，甚至品秩更低的，也可被任为阁臣。即以最初得任阁臣的七人而言，其中品秩最高的应推名列第四的解缙，他在入阁前的职任是侍读，秩不过六品，入阁后升为侍读学士，也只有从五品。位居第七的胡俨，入阁前的官职是检讨，仅是从七品，官位就更低了。当然，这是就初期而言，后来阁臣的体制日尊，入阁的常先被任为礼部侍郎或尚书，然后才以兼任××大学士而入预机务，职位上要比初期高多了。不过入阁的人品秩不拘这一特点却是直到明代濒临灭亡还在保持着，如以崇祯十六年（1643）入阁的魏藻德而言，他是被擢升为少詹事才入阁的，官也才只有四品。宰相和阁臣，在职任上也还有很大的不同，宰相具有执行权，遇事都可奏而行之，甚至办完了再奏明也是常有的事；阁臣则只有听皇帝吩咐，照他的意见拟具出办法，等被批准后，才能据以拟旨来颁行。这二者在职任上的不同，就正是明太祖亟欲废除宰相制关键之所在。他想要的正是有一些既能办事，又少实权的人。以在职的人数而言，宰相与阁臣也有些不同，宰相人数总不会很多，通常都是左相、右相各一人，最多也不过再加上一两个；而阁臣却不然，常是少则四五人，多则至七八人，最多时竟多至十几人。然而也有些例外，如在万历年间，明神宗倦勤，阁臣有缺总不肯补上，竟常出现阁中只有一人、成为一人独相的局面。

阁臣成为定制后，很快便形成了为其所特有的一些制度，这些制度并未成文，但有时却比定有专条的制度还更死硬。在最初得任阁臣的七人中，便有了一定的名次上的排列，列名最先的人被称为"首辅"，第二人则称为次辅。首辅自始便有个像领班一样的意味。但在最初，名次虽经排定，却并不是不能变动的，居先者可以降下来，在后者可以跃到前面去。譬如最初的七人，原是以黄淮为首，解缙则名列第四，但不到一年，解缙却一跃而为首辅，原来的首辅黄淮却降了下来。再如杨士奇，他是名列第五，排在第三位的杨荣之后的，到永乐二十二年（1424），杨荣和他都在阁中，他却跃居杨荣之前成了首辅，杨荣则只得任次辅。但是这种可上可下的做法并没有持续多久，很快便形成了另外一种绝对排资论辈、前后永远分明的死硬制度。这一制度的要点是，在阁中的名次既经排定，便成不可更易的顺序，首辅永远是首辅，次辅在首辅未离职时永远是次辅，首辅如果离职，继为首辅的又必然是这个次辅。次辅而下，三、四、五、六各位也是同样，都得等着名列在前的人离去，或者死了，才可以依次递升。不但此也，首辅如果罢离，不管去职久暂，只要又行入阁，排资在他之后，已然位居首辅的人也该退下，由这位旧时的首辅重居首位。这种死规矩，在以前的宰相制中一直并没有过，如果有，那么汪广洋再入中书省，升任左相的就该是他，而不是胡惟庸了。

阁臣后来还形成了另一个规例，便是入阁者必须是甲科出身，也就是说，必须是个进士出身的人。这种规例最初也没有，仍是稍后才形成的。仍以最初的七人为例，那七人中的杨士奇和胡俨便不是进士出身。不过他们虽非进士，入阁之时却都在翰林院任职，杨士奇是个编修，胡俨则是检讨，所以严格说来，最初七人虽非都是进士，实却一律都是词臣，这与后来的非甲科出身不得入阁，看来倒也有些关系。其实这也难怪，因为选来入阁的人首先便须以笔墨见长，并且又只从詹事府、翰林院等修撰文史，或者职为讲官的那些处所来选择。而这些地方又都是甲科人员汇聚之处，后来竟自形成非甲科不得入阁，中了进士，又被选为庶吉士，人们便都以未来的相臣目之，实在也是由来有自，无怪其然了。

由于阁臣同时在阁者每有多人，首辅又有个类似领班的作用，遇事总是由他当先，和皇帝的接触也以首辅为多，所以彼此之间相互竞争自始便很激烈，以首届的七人而言，便发生过黄淮和解缙之间的激烈斗争，结果则是解缙被害，死得很惨；黄淮后来也以时常加害大臣被投入狱中，结果也并不好。

## 从宰相到阁臣

这个解缙在首批的七位阁臣中最初虽然名列第四,但入阁时的官级却是七人中最高的一个;他这人又极有才华,文笔既佳,又多策略,所以入阁不久,便脱颖而出,入阁不足一年,便压倒了黄淮,跃居首辅。黄淮原是个热衷权位的人,被解缙抢到了前面,岂肯甘心?于是他便一心罗织解缙的过处,遇有机会便暗中向永乐反映,终于在永乐五年(1407)把解缙从首辅的位置上搞了下来,自己重又得居首位。他虽把解缙赶出阁外,远谪到广西去为布政司右参议,却仍不甘心,到永乐八年(1410)更以"结党营私"的罪名兴起大狱,把解缙和中书李贯,赞善王汝玉,编修朱纮、萧引高等人都逮入诏狱。李、王、朱、萧等人由于久被关押,都已死在狱中,只有解缙,虽被关了五年,却还没死。这时已是永乐十二年(1414)了。那年冬季,天子录囚[1],永乐在狱囚名册中见到解缙的名字时,随便问了一句:"这解缙还活着吗?"他问这话,并没要人回答,可能是随口一问,并无别意;也可能是诧于解缙的生命力之强,关了这么久,竟还活着;也可能是想起了解缙的才干,又有赦出起用之意;当然,也并不排除这话竟是"怎么,解缙还没整死吗?"的同义语。当时呈上狱囚名册

---

[1] 历代皇帝命刑官定期以狱囚名册呈阅,或有矜免,以示关心民瘼。这种做法便称"录囚"。明代例定每三年录囚一次,但很少按期举行。

的是锦衣卫的帅臣纪纲,他是个出了名的佞臣,是以善窥人意、手段毒辣残酷受到永乐的宠信的。他听到了永乐的问话,并没有作声,却在心里早已拿定了主意。下来之后,他便把解缙请到他的房里,用酒款待,并说些开心的话,使之痛饮。一待把解缙灌到大醉,便命人把他拖出,埋进外面的积雪里。由于寒冷和窒息,解缙很快便死去了,狱囚的名册上,也就勾去了他的名字。纪纲的这个做法,可说是狠毒乖巧兼而有之。他这样做,无论永乐的问话用意何在,他都可以应付自如。如果永乐意在除去解缙,他这么做自然是先意承旨,会显出他的能干和忠心;如果永乐并没想要解缙死,甚至还想再起用他,那也没有什么,他的死因可以查明,完全是醉卧受寒而死,实在也怪不到他纪纲的头上来。解缙死时年才四十有七,当时有很多人都为他的怀才受屈、中年早逝而感到伤痛。就在解缙死前三两个月,黄淮已因多次暗害大臣而入狱,由此看来,解缙如不酒醉被害,重复起用似非并不可能,而纪纲的忽下毒手,除为希图迎合帝心以外,另外还有别的微妙原因,倒也很有可能。

自黄、解二人有过一番流血斗争之后,阁臣之间倒有很长一段时间彼此斗争并不很为激烈,甚至还有过和衷共济的局面。这一则是此后一连出现了王振、汪直、刘瑾等擅权的大珰[1]，一直在与阁臣争权，阁臣需要共同对外，缓和了彼此之间的矛盾；二则也是杨荣、杨士奇等颇能忍让为国，起到了些好的影响。

杨士奇是有明一代入阁最久的阁臣，他从建文四年（1402）入阁，直到正统九年（1444）去世，任为阁臣共达四十三年之久，他于永乐二十二年（1424）越过杨荣而为首辅也有二十一年。在明代的阁臣中，任职之久，倚任之专，可以说是无与伦比的。他与杨荣以及洪熙元年（1425）入阁的杨溥三人，被史家称为"三杨"，被认为是明代最有德望的三位良相，在他们三人同为阁臣时，确乎也是明代最为升平的时候。

在"三杨"之后，阁臣们虽说彼此尚能相安，但小的冲突斗争实则还是常有，到了嘉靖初年，张璁（cōng）以议礼入阁，阁臣间的争夺倾轧便又开始激烈起来，到了夏言与严嵩之间，张居正和高拱之间的倾轧争夺则达到了高潮。

所谓"议礼"，是嘉靖初年闹得举朝不宁的一件大事。原来这个嘉靖名叫朱厚熜（cōng），他是继明武宗朱厚照而为帝的。他与年号为正德的朱厚照是同祖父的堂兄弟，朱厚照死后，由于既无子息又无兄弟，所以当时的首辅杨廷和便以宗支最近，在遗诏（皇帝临终或死后所下的诏书称

---

[1] 珰，dāng，本是宦官的冠饰，也代称宦官。

为"遗诏",多半是由首辅代为拟定的)中选定了已袭封为兴献王的朱厚熜继立为帝。朱厚熜即位为帝后,却还想把他已去世的父亲朱祐杬追封为帝并入祀太庙,把他的生母也尊为皇太后。这种做法是有违正规礼法的,因此几乎惹得通朝官员都力加反对。嘉靖也很固执,一心想要达到他的愿望,但又苦于并无理论根据,无法和反对诸臣相互辩驳,很觉孤立苦恼。张璁是个七试不第,到四十七岁才中了进士的人,他看出了这是一个晋身的机会,于是上疏说明"承统非继后",为嘉靖找到了理论根据。后他又写成"大礼或问"一文奏上,更得到了嘉靖的欢心。嘉靖得到张璁,后来还有桂萼、席书、方献夫等人的帮助,与通朝的反对诸臣展开了争议和辩论,一直争论了好几年。这种争论,当时便称为"议礼"或更称为"议大礼",张璁、桂萼等人便被称为"议礼诸臣"。

嘉靖在他孤掌难鸣时得到了那些"议礼诸臣"的助力,极为欣喜,把他们都看作自己的心腹,对第一个不畏众议,胆敢为他找出理论根据,并成为他的论客的张璁,更是视为首功之人,对他不遗余力地加以拔擢,从他上疏议礼,只用了短短六年的时间,便从一个在部观政的闲员,升任为礼部尚书兼文渊阁大学士而入阁为相,升迁之速,实在是很少见的。他是正德十六年(1521)辛巳科的进士,得中六年便得入阁,足见嘉靖对他的倚任。有明一代,从释褐(即中式得官)到入阁,比张璁更快的只有两人:一个是在张璁之前,那是正统十三年(1448)戊辰科的状元彭时,他在抡元的次年,便以修撰之职入阁,在明代诸阁臣中,算是入阁最快的。另一个则是在张璁之后的魏藻德,他是崇祯十三年(1640)庚辰科的状元,到崇祯十六年(1643),便以少詹事兼东阁大学士入预机务,从得中到入阁只不过三年,为时之速,算是仅次于彭时。不过,彭、魏入阁虽速,却大不同于张璁,首先他们二人所中的都是通榜第一人的、一甲第一名的状元;又都是适逢时艰:彭时是赶上了外患日亟,魏藻德则是赶上了李自成已将攻至京城,崇祯曾有让他辅佐太子逃向南方,或可留存一线的打算,所以才使之入阁的。彭、魏二人所有的条件,张璁都一无所有,所以他的快速入阁才更显得是个异数。另一个略次于张璁的议礼之臣——桂萼,也受到了优异的恩遇,他是在嘉靖八年(1529)二月,带有少保兼太子太傅的官衔被任为吏部尚书、武英殿大学士入预机务的。他比张璁入阁稍晚,在科分上比张璁可又早了十年,他是正德六年(1511)便中了进士。实在说来,张璁和桂萼所中的名次都偏低,张璁所中的是二甲第七十八名,名次已经低到很难有被选中为庶吉士的希望,桂萼所中的名次更低,已低到三甲第六十二名,连在京为官的机会也难得了,他在议礼前便做过好几任的知县,后来才辗转活动到得为南京刑部的主事。他与张璁便是在南京刑部共事时相识的，他也是最先赞助议礼的一人。

"议礼诸臣"以附和嘉靖追封其父为帝，并将其神主入祀太庙的主张，都得到了不次的拔擢和升赏：有的入阁，有的虽未入阁，也高官得做，位列九卿（六部尚书和都察院、通政司、大理寺的长官合称为九卿）。但是他们虽说官运因而亨通，却也付出了不小的牺牲，特别在人品上受到了举国上下的鄙视，其中尤以张、桂二人更为人所不齿。因为那种做法是与历代相承的礼法大有抵触的，凡属自命读书识礼的人，无不力加反对，有人出来赞成，甚至予以辩护，便被认为是逢君之恶的小人，有人甚至视为洪水猛兽，避之唯恐不及。如首辅杨廷和之子，当时被认为是青年词臣领袖人物的杨慎，便曾公开表示，他很以与张璁、桂萼二人同立朝中为耻。桂萼以上疏赞扬议礼被悄悄召进京来，曾使群情激愤。很多人商定，要依前朝故事，趁桂萼入朝之时，把他截在左顺门外活活打死。这所谓前朝故事是指正统十四年（1449），发生了"土木之变"，明英宗朱祁镇被掳北去的消息传到京中时，群情激愤，把王振的死党马顺群殴致死的事情。当时还是监国的景帝朱祁钰碍于群情，不但未以此举为罪，还应群请，绑出与王振同恶的内监二人，交由群臣，也在那里予以处决。明代的法律最重旧例，所以法律条文，有时也被称为"律例"；所谓故事，指的也是这些旧例。当时多人所以决定要在左顺门把桂萼以群殴的方式活活打死，便是因为那里有过把乱臣贼子群殴致死并未得罪的故事，同时也可显出，在他们眼中，桂萼就是乱臣贼子！这件预谋围殴的事，事实上并没有发生，原来桂萼才一进京就得知了这一情况，他逃入了武定侯郭勋的家里，藏了起来，才躲过了被围殴致死之难。"议礼诸臣"因有皇帝撑腰，人数上也稍稍加多了一些，并且表面上还是他们获得了胜利。但实际上他们还是不为舆论所容，受到鄙视，一直都很孤立。

　　嘉靖维护他的"议礼诸臣"也是很不容易，特别是把张璁和桂萼都引为阁臣，是费尽心力才硬做下来的。明代阁臣的产生，最初虽像是出自派定，后来很快便已定出规例，增添阁臣，要由旧有阁臣会同九卿加以会推。会推也称廷推，即是有关廷臣定期会齐，先讨论出彼此都认为就各方面看来是最宜入阁的人选，然后由首辅扼要写出大家对所推诸人的评价和意见，奏请皇帝选择批准。大约会推出来的人数总略多于递补入阁的人数，以便皇帝按照他的意见加以选择。只有经过会推，又由皇帝批准入阁的阁臣，才是合乎规例的，不会招致物议。皇帝径以中旨任命，首辅自行具疏奏请，都被认为极不合法。皇帝的任命中旨会遭到首辅的封驳，说明理由，退回中旨，请其再加考虑，倘仍坚持己意，再下中旨，则除会再被封驳外，还会引起各类言官纷纷疏论,惹起一场风波。首辅自行疏荐自然风险更大,无论皇帝准与不准,都会受到言官的攻击,常常搞不成功。所以定出这种办法,都是君臣之间本着《洪武宝训》的务使互相牵制免致动摇帝基的用意而规定的。限制皇帝,是为了免于一意孤行,用人当孚众意;限制首辅,则是为了免于一人专权。不过话虽如此,皇帝和首辅对于要谁入阁还是很能起到决定作用。在皇帝一方,他可以暗中示意有关诸臣,由他们迎合己意,提名上奏。如果示意不能成功,他还有最后的一着,便是提名中如无他心目中的人选,他便一个也不批准,一次、两次……直到合了他的心意才肯加以批准。这种办法,效力很大,常可十有八九。首辅的方便是会推是由他来主持,他想推谁,在开场白中先就说了,别人碍于颜面,即便心有不然,常常也会勉强同意。如果主持会推的首辅是个极具威力的,像张居正那样的人,会推时别人很少敢多说些什么,那会成为由他个人说了算的局面。皇帝在东宫时的主要讲官,入阁已成为例有的事情,甚至新君还没即位,当时的首辅已经把那位讲官引入内阁了。徐阶之于高拱便曾这么先事拉拢过。

皇帝把人引入内阁虽有很多方便,但嘉靖把张璁引入阁中,还是多方设法,谨慎待机才得成功了的。很早他便于会推之前多次示意,想把张璁推出,但因无人理会,都失败了。他也知道,张璁的形象太坏,不管如何示意,也难得被推出。径以中旨任命，他也不敢轻试，因为必会遭到封驳，引起风波，那样形象更将不堪，再想引入就更难了。他必须静以待之，等候机会。到了嘉靖六年（1527）八月，杨一清晋升为首辅，他这个人对张璁所上的议礼疏文，不但没反对过，还曾加以赞赏，想来如以中旨令张璁入阁，杨一清也许不会封驳；他不封驳，事情就算成了。这样盘算定了，这位明世宗便于嘉靖六年十月以中旨使张璁得入内阁。隔了一年多后，又于嘉靖八年（1529）二月，以同样的方式，使桂萼也成了阁臣。以中旨任用阁臣，以前倒也有过，但极稀少，不到两年竟接连有了两次，这还是个创举，也开始了以后滥用中旨的不良后果。

被以中旨任用的阁臣，无论在阁内、阁外都很受人轻视，认为"不以其道得之"，是人品上的一大缺点。后来很有些人，得到中旨任用，自己也深以为耻，入阁之始便极力请退，不被俞允绝不终止。自然，张璁并不是那样的人，他七试不售，得中进士已然年将半百，多年久居下僚，使他养成了一股愤激之气，为了迅速腾达，他什么都敢去干，甘冒天下之大不韪而上疏议礼，正是不惜孤注一掷的表现。他以中旨入阁非但不以为耻，还更认为自己深得帝眷，显得极其傲慢，对谁也不买账。

张璁未入阁前，为了议礼，已和杨廷和等几个首辅打过交道。由于他是替嘉靖冲锋，那些首辅都在他的手下吃了败仗。这使得他更加目中无人,自觉世间可说无人能与他为敌,谁也禁不起他一击。他入阁后,觉得阁中的很多规例都很束缚了他,感到很不安逸。当时的首辅是杨一清,这人不但极其佩服张璁,且还知道他之得被召回是由于张璁向嘉靖推荐过他之故,因此很多事情对于张璁都肯相让。但首辅在阁中独揽大权,一切出头之事都由首辅独任,票拟[1]等类工作,也都以首辅为重,其他阁臣,即便是次辅,也得遵照首辅的吩咐,按照他的意见撰写成文,送交首辅审阅批改,自己丝毫不得自专。这些情况,都使张璁极为难耐,但这却又是早已形成的成规,杨一清即便想让也无法可让。

入了阁反而使得张璁与嘉靖之间几乎断了联系,使他们都很不惯。但越过首辅是难办到的,嘉靖多方寻思,又另外想出了个主意。他想到,明仁宗时曾赐给首辅杨士奇一枚银章,着其密奏大事盖上此印以为识别。杨士奇当时是首辅,内阁所有奏件都需由他经手,赐这银章,不过用以识别密件并示殊荣而已。但是若非首辅,有了这种银章,便也成了密件,只能由皇帝亲拆,首辅便无法过问了。如果张璁有了这种银章,杨一清虽为首辅,也无从参与他们

---

[1] 所有政事应予如何办理,或是应有何种改革,初步拟具意见奏呈皇帝,这项工作便称"票拟"。

之间的密议了。这么想过后，嘉靖便赐给张璁两枚银章，一枚的章文是"忠良贞一"，另一枚是"绳愆弼违"，命他可用这两枚银章密疏奏事。后来桂萼入阁，也赐给了他一枚文为"忠诚敬慎"，一枚文为"绳愆匡违"的银章，让他也可径抒所见。张、桂二人都得到了这类银章，嘉靖忽又觉得若不也赐给首辅杨一清两枚，未免太冷落了他，于是便也赐了两枚银章，顾全他的面子。那两枚银章的章文，一是"耆德忠正"，另一个是"绳愆纠违"。他这么大赐银章，一时竟成风气，后来的夏言、严嵩也都得过这类银章。这一来，固然稍稍打破了首辅垄断一切的局面，但使内阁中的矛盾冲突也更加剧，彼此争夺达到了高潮，相互拉帮结派，便形成了后来的门户之争。

张璁得到了密疏奏事的银章，虽说比以前自在多了，但是上面紧压着个首辅，还是很为不快，终于嗾使言官对杨一清大加攻击，把杨挤出阁外，后来更把杨一清连入朱继宗狱，说杨一清曾经受贿，更使他得了个"落职闲住"的处分。杨一清后来才知道，他所遇到的一切逆事都是张璁玩的圈套，气得骂道："老矣，乃为孺子所卖！"终于疽发于背而死。

张璁没能得为首辅时，对于首辅的各种特权极为痛心疾首，等到挤走了杨一清，自己登上了首辅的宝座，他的傲居人上，比在他之前的一些首辅还更有过之。他的专横，

《明史》说是"颐指百僚,无敢与抗者"。他这样专横,不但僚属都极不满,就是嘉靖也渐渐有些感觉到,对他也渐有些不悦,这种情况,他已有些感觉到,极想设法再能迎合帝心,巩固恩宠,但是那时大礼诸事都已议毕,他已再没有什么本事能够突出地来表现自己了。几经苦思,终于又给他找到了一条向皇帝表示忠顺的途径。他是从他自己和嘉靖的名字上想出了点招数来的。嘉靖名叫朱厚熜,这个"熜"字,与张璁的"璁",字虽不同,音却无异,于是他上疏说,他的名字音同圣讳,每一念及,都觉五内难安,所以决心改变本名,免增己罪,并盼圣君赐予嘉名,则更恩同再造矣。嘉靖是个极喜受人奉承的人,得疏之后,极为高兴,立刻传旨奖谕,并将他赐名为"孚敬",字"茂恭",并将这四个字亲手写为大字书帖,命人赐给张璁。至此,稍为冷落下去了些的圣眷,又重新显得热烈起来。

自议礼以来,张璁自诩无人与敌,事实似乎也是如此,直到他遇到了夏言,才算真正遇上了强硬的对手。

夏言与张璁一样,也是以上疏论事投合上了嘉靖,由此而飞黄腾达的。夏言是正德十二年(1517)的进士,中在三甲第三名,由于入了三甲,被选为庶吉士,或分到翰林院、詹事府等类日近天颜的近职原已无望。他被授为行人司的行人,品秩虽只有八品,但总算是个京官,职在替皇帝跑腿,干些颁行诏敕、册封宗室、抚谕诸蕃等类的事,和宫廷多少总还沾着点边，迁转虽说不及词臣，却比那些外官又稍强些。夏言虽然中得不高，实际却很能文，又警敏通达，素有大志，虽被授为行人，却不肯默默以终，每有机缘，不断地以才辩自见，果然很快便被擢为兵科给事中，不仅官升了一点，达到从七品，而且给事中属于言官，可以尽情言事，直达天听，比行人距天庭又近了一步。夏言自从得为言官，更想有以自见，便不断上疏言事，嘉靖才始嗣位，他便上疏论及朝中壅蔽、矫诈诸般弊端，并提出了如何杜绝诸弊的方法。他文辞优美，自始便给嘉靖以深刻的印象，曾传谕嘉奖，不久，更把他从兵科给事中调为吏科给事中，官虽仍然一样，但以六部的顺序而言，吏、礼、户、兵、刑、工，从兵科转到吏科也真是一种上转。

嘉靖七年（1528），夏言上了一封以为天、地理应分祀的疏文。这道疏文正好投合了嘉靖的心意，就此成为夏言青云直上的阶梯。原来嘉靖自议礼全胜后，很为得意，自觉在礼学上已经很有一手，那时他忽然觉得天、地合祀似太笼统，如以天、地、日、月分而为四，合成四郊，倒是发前人所未发；此礼由他创始，也必将永垂后世。他这样想着，便把张璁、翟銮、霍韬等"议礼诸臣"召入，悄悄说给他们，要他们加以研究，看看是否可行。张璁等人虽都是以迎合帝心得至高位的，但冒险犯难已获成功之后，却已失去了昔日的胆气，对于此事，实在缺乏胆量再来出头。首先因为他们对此都很少研究，实在说不出什么道理来；再则，他们的形象很坏，举国都把他们看作离经叛道、谄佞无耻的小人，他们自己都很明白，力循旧规，以图稍有改变，尚且很难，如何还经得起又折腾一番？况且他们还素知，庙堂之上，总是以安于"率由旧章"的人占大多数，即便改革的理由充足，也会遭到反对，何况他们于此既无所知，为人也都还在众所鄙视的情况之中呢？由于顾忌很多，所以张璁、霍韬等互议后，便都以于古无据，劝嘉靖不必多所更张。嘉靖自己也没有多大把握，既然他的智囊们都认为不可，便也想悄悄算了。恰在这时，夏言递上了他的天、地宜于分祀的疏文，不但想法与他暗合，而且说得头头是道，处处都有古礼可据。这可真是"山穷水复疑无路，柳暗花明又一村"，嘉靖不觉连连赞叹，拊掌称快。嘉靖所以如此高兴，还在夏言恰于此时和他想到了一处，使他很为惊奇。他觉得，夏言此举，与张璁等人在议礼上为他出力大有不同。议礼一事，是他早已明白提出，并遭到了通朝反对，一切都很明白，张璁等人出力赞助，并无巧合之处。而这分祀之议，他却只和张璁等人暗中谈过，外人万难得知，夏言和他同时想到这事，真似灵犀一点，心意互通，其中竟有天意也未可知。

嘉靖在极端高兴之余，立将夏言的疏文交由外廷共议。那时议礼已获全胜，所有计议几已全由"议礼诸臣"共同把持，他们很怕有个外人挤入，和他们争夺宠信。为首的张璁对夏言更深有所忌。因为夏言虽然比他年轻，官位也低很多，但论科分却是正德十二年（1517）丁丑科的进士，比他还要在前；而且夏言一直不断上疏论事，很以能文著名，也使他深有忌意，早就想设法予以打击，使之不敢狂傲。无事尚想寻事，如今把夏言的疏文交由他们评议，如何肯于轻放？他们各自力诋夏言是无知胡为，其中尤以詹事霍韬的诋议最为刻薄，已经近似嘲骂。他们力排夏言，却忘了嘉靖也曾持有此说，攻击和嘲骂夏言，等于把嘉靖也攻击和嘲骂着了。嘉靖是个任气的人，如何能容得这个？当下为之震怒，把攻击最力的霍韬立即投入狱中，并且颁降玺书褒奖夏言，并赐予四品服、俸，极显然地表现出了他的爱憎。

自此以后，夏言和张璁等人更加势同水火，常相攻讦。夏言这人，史称他"豪迈有俊才，纵横辩驳，人莫能屈"。他独自一人，单枪匹马，和张璁等人相斗，不独毫无惧色，而且一个一个打败了他们。他笔锋犀利，语言便给，当然是个取胜的条件，但来自上面的嘉靖对他的支持，实在更有决定作用。还有，夏言与张璁等奋争更赢得了举朝人士的赞美和支持。这是由于"议礼诸臣"的得势是由于嘉靖的袒护之故，多少和他们争持的人都受到了不同的打击，有的被迫罢官，有的被投入狱，有的受了廷杖，有的甚至丧了性命……由于和他们相争总不免于得祸，人们才静下来，不敢与之相争了，但是鄙视他们，憎恨他们却始终如故。忽然半路里杀出个夏言来，不但敢于相争，且还一个一个统统打败了他们，无异给举朝上下出了一口恶气，人们对他的支持、赞扬，自然可想而知。这对夏言，当然也是极大的鼓舞。夏言那时的行事真可说是无往而不利，真是样样都中在点子上了。最后，夏言的仪表对他也起了不小的帮助。夏言议郊礼得胜后，嘉靖还想把那郊礼编辑成书，因而便把他调入翰林院，授为侍读学士，并充《郊礼》的纂修官。侍读学士例有在一定的日期要为皇帝进讲的职任，史称夏言是"眉目疏朗，美须髯，吐音宏畅，不㩴乡音，每进讲，帝必目属，欲大用之"。夏言受到嘉靖这样的激赏，升迁得十分迅速，由侍读学士而为翰林学士，掌翰林院事，兼少詹事，进而兼礼部左侍郎，最后代李时成为礼部尚书，掌翰林院事和直日讲都一直兼任如故。调为词臣不及一年而得升任尚书，达于六卿之列，晋升之速，实在是极少见的。

夏言是在张璁已因帝眷少替，请求致仕后才于嘉靖十五年（1536），以礼部尚书兼武英殿大学士初次入阁。当时为首辅的是翟銮，不久翟銮以丁忧（父母之丧，为官者要回家守孝三年，谓之"丁忧"）离去，李时晋位首辅，这两位首辅都不敢与夏言的气势相撄，事事让他，因为夏言不但才干远出他们之上，而且嘉靖专听他的，并也赐给夏言一枚文为"学博才优"的密疏奏事的银章，有什么话都可以直接上达，所以那时的夏言虽然未为首辅，而却是"政由言出"。夏言那时由于独自一人便打败张璁、霍韬等多人，皇帝对他已是言听计从，人已变得骄横恣肆，不可一世，对人的颐指气使，已比张璁更甚，内阁由首辅垄断一切的旧规，对他也更无效。夏言所以比张璁还更跋扈，并非全由气性才干有所不同，处境有异，关系却似更大。张璁虽然得君，但举朝上下对他却是攮拳怒目，人人喊打，他的目无首辅，倚势凌人，很多都是出于以攻为守，不得不然，心中常怀戒备，所以遇到夏言，接连为其所挫，便即因病致仕，退身回乡，得到善终。夏言得君比张璁更甚，又是举朝上下心目中的英雄，骄恣之性便一发而不可收拾，连对倚以为贵的皇帝也不免有些轻慢起来，结果为人所算，竟致弃身西市。

斗倒夏言、使之弃市的却是由他自己引入内阁中作为助手的严嵩。严嵩是江西分宜人，和夏言是同乡，他是明代有名的奸相，为人阴狠毒辣，但却都以柔媚出之，对人善笑会哭，使之无从捉摸。他和夏言正好相反，夏言刚愎自用，他却巧笑取容；二人一刚一柔，所以相争都在暗中，真是柔能克刚，夏言终于命丧其手。

严、夏之争，由于严嵩是以阴柔取胜，所反复之多，历时之久，手段之毒，在明代的阁臣争夺中都达到了高峰，前此的夏言与翟銮、李时之争固远难与之相比，即后来的徐阶与高拱，高拱与张居正之间，争持间也都很用了些阴谋、权术，但和严嵩之与夏言，却仍要差一着。夏言原就以才智自负，骤然顺达，越更目中无人，无论尊卑，一概等闲视之，严嵩是由他引进的，得不到礼遇自然更不待言。夏言入阁后，自始便是名非首辅，实如首辅；而且为时不久，便适逢翟銮丁忧，李时病故，真成了首辅。上面无人，对下就更凶了。后来翟銮丁忧期满，重又入阁，夏言依例退居次辅，但实际上却丝毫未变，翟銮的首辅仍然是只有其名。史称翟銮重入阁后对夏言是"恂恂若属吏然，不敢少龃龉"。夏言对于别的阁臣自然更不客气，未为首辅之时已以首辅自居，身居首辅之后，把历来的首辅特权更发挥至尽，什么都只由他出头，什么都得听他分派，所有阁臣遵命照拟的文稿也都得呈送给他，由他批改。严嵩照夏言看来，是在他的庇荫之下的私属，对之就更苛些，呈送的文稿常给改得一塌糊涂，有时还要掷还给他，命其重做。严嵩无论受到任何侮辱，表面上总能做到谦恭和顺，但在心中却又另有打算。他是个权欲熏心、巧于营运的人，夏言即便以前辈待他（他比夏言中式还早四科，以科分论，已应是个前辈），遇有机会，也难保他不会乘机排挤倾陷；对之无礼至此，如何不会怀恨在心，暗中下手？

严嵩倾害夏言，是极隐蔽，又极全面，用的是慢慢浸透的办法。在上，他已看出，由于夏言的疏慢，嘉靖对之已很有些不满，自己便更做得诚惶诚恐，和夏言成为尖锐的对比，特别是二人共同入对时，严嵩在夏言的傲然无视下，越发做出一副俯首低眉、极其怯惧的神态，很引起了嘉靖对他的怜念，因之也赐给了他一枚文曰"忠勤敏达"的银章，使他也得密疏言事。到嘉靖二十年（1541）以后，这位以精于礼学自命的皇帝，已避居西苑，除去征伐诛杀等事而外，别的已很少过问，每日只是和一些方士在一道，讲求服食成仙之道。那时的阁臣，则都在西苑赐有直庐，他们除了代为办理国政外，还要代撰一些焚化祭天的"青词"。那是一种赋体的文章，要能以极其华丽的文笔表达皇帝求仙的诚心和对上苍的祈求。嘉靖原本性急，加以求仙心切，对于青词的要求既多且急，有时想到一点新意，常会把在直庐的阁臣召来，命其即就其意撰写新的青词，即或时在深夜，也不容稍缓。能写出深得帝心的青词，已成为扶摇直上的条件，当时有很多阁臣竟是以善写青词而得入阁，而入阁后也是专门只写青词，不干别的。对这些人，当时称为"青词宰相"，既是直陈，却也颇有讽意。嘉靖不但要阁臣代撰青词，还要求他们的服饰打扮也都表现出求道的诚意。他制有一种道家服用的香叶冠，赐给阁臣每人一顶，要他们入西苑时戴上。他还传谕，进入西苑只准骑马，不许坐轿。严嵩对此不但谨遵，还在香叶冠上笼以轻纱，以示虔敬。这使嘉靖很为快慰。夏言忙于国事，对求仙不甚留意，领到了香叶冠也不肯戴，以为那不是正式朝服，为大臣者绝不宜戴。入西苑他也不肯骑马，仍是坐轿，其意也在那才不失体统。夏言与严嵩二人，一正一反，对比之下，嘉靖的宠任越见转向严嵩了。

对上面所用的功夫，还只是严嵩进攻的一个方面，对下，他也下了不少的功夫。他的策略也和向上时一样，仍是处处都与夏言形成对比：夏言严峻，他就宽和；夏言傲岸凌人，他就谦恭下士；夏言轻于处分，他却到处救援。这种一正一反，严嵩很收拾了人心，助他而攻夏言的人日见其多。明代的言官，种数都较以前各代为多，这也是明太祖想要诸臣相互制约，在订立官制上的一种反映。初时虽也有人利用言官作为打击他人的工具，但还只是偶然，没能成为风气。张璁等人入阁前后都曾拉拢言官，利用他们造成气氛，已开始了阁臣与言官间相互利用的苗头。夏言也抓住了这一点，以其纵横之才，对之利用得更多，但也还是多以声威驱使，没能形成派势。严嵩则对言官有了更进一步的勾结，尤其是对有嫌怨于夏言的言官，他在暗中更对他们封官许愿，嗾使他们帮助他来疏论夏言，已经为后来所形成的门户之争，开创出了一些作为门户的规模。

严嵩攻击夏言还用了更毒的一手，便是利用嘉靖宠信方士，夏言却很贱视他们，他们因而对夏言很为不满这一点。严嵩曾悄悄去找最为得宠的方士陶仲文，要陶设法攻击夏言，把他赶走，以便自己可以升为首辅。他这事办得虽很机密，但却没能逃过夏言的手眼。夏言很快便得知此事，于是立刻调动言官，对严嵩纷纷疏劾。幸而严嵩正在受到嘉靖的怜念，所以疏劾虽猛，还得无事。一天，严嵩单独见到嘉靖，嘉靖和他谈到夏言，并对他们之间的不协略有所询。严嵩认为，这可是个千载一时的机会，立即全身颤抖，伏地叩头，痛哭不已。嘉靖望着跪伏在自己面前的这个痛哭失声的老人，越发动了怜念之情，更想知道夏言到底为何欺压这个老人，竟使他伤心到这种情况，于是连连催他，叫他有话尽管放胆诉说，不要害怕。至此，严嵩才觉得戏已做足，于是便将平日搜藏在心的夏言的种种罪状，加枝添叶，一一哭诉出来。这一着，已经使得嘉靖对于夏言由不满变得有些恼恨。这事过后不久，却巧碰上了一次日全食，那时还在深信日为帝象，嘉靖想到夏言的种种情况，便下了一道手诏，说是，"日食过分，正坐下慢上咎，其落（夏）言职闲住"。一个首辅竟至受到这样的处分，其获罪之重、恩宠之衰，可说都已相当严重。

夏言一去，严嵩不但得为首辅，而且朝中少了一个他最为惧怕的人，精神上也舒展开了。他对嘉靖还是以柔媚取容，尽力入直西苑，小心伺候。对外，则大权独揽，一切专决，而且呼群结党，纳贿行私，日渐毫无忌惮，上下左右，很快便都安插满了他的私人，威福自恣已经到了人人侧目的地步。

嘉靖这人，终究并非十分昏庸，他虽僻居西内，不大过问朝事，而于很多大政，仍还有些敏锐感觉。严嵩虽会哄他，但他于严嵩的贪婪恣肆还是感觉到了，同时想到，处分夏言未免失诸过重，也很有些悔意。夏言虽已落职家居，但每逢元旦或是嘉靖的生日，总还要上表祝贺，由于已无官职，所以便自称为"草土臣"。这个自称，平实大方，哀而不怨，嘉靖在有悔意时看了，不觉心驰念远。嘉靖二十四年（1545），夏言又有贺表，嘉靖更为心动，他想起夏言的才干，觉得还是由他来主政功效更好，于是尽复夏言所有职衔，派人捧敕前往夏言家中，召来重复起用。

夏言被恢复的官衔是"少师"，严嵩还没能得到，召回夏言之时，嘉靖也使严嵩晋有此号，此其用意，一在安慰严嵩，并且使他感到可与夏言成为敌体；二则意在暗示夏言收敛着点。严嵩虽将退为次辅，然却恩信正隆，不可过于轻慢。这种做法，有如明太祖召回汪广洋，原是有明诸帝都极惯用的制约之道。其实这种办法用于温良谦退之人还可有效，施之夏言这种骄恣自肆、睚眦必报的人，如何得成呢！夏言这次重复入阁，便憋足了一股报仇雪恨之气，对待严嵩不但轻慢如故，而且处处加以打击，严嵩决定过

赐死汪广洋

杨士奇、杨荣、杨溥同为阁臣时,是明代升平之世,史称"三杨"

嘉靖传谕,进入西苑只准骑马,不许坐轿。不同于夏言的执拗,严嵩不但谨遵,还在香叶冠上笼以轻纱,以示虔敬

郑和下西洋

的事，立予全部推翻；严嵩所安置的人，无不一一斥退。不但视严嵩如无物，而且轻贱之色毕露。严嵩还是极怕夏言，尽管备遭凌辱，还是只有笑语周旋。他眼睁睁地看着，自己的亲信心腹被驱逐殆尽，有的且被投入狱中，或被遣戍，也不敢稍露欲救之意。但在心里，他把夏言却更恨之入骨。他由此总结出了一番道理：夺取首辅，不能把在位的搞出算数，必须置之死地，才可安心。他杀机已动，笑在脸上，恨在心里，更狠毒地蓄谋伺机，决心非要夏言的命不可。

夏言和曾铣共同筹划的"复套"之议，却给严嵩带来了机会。原来河套一带肥沃地方，明初虽然已入版图，后来渐渐又被左近各族游牧之人所占。那时职任陕西总督的曾铣，默察边情，认为恢复故套实并不难，只要再略加些兵力由他调度，便足够了。正好赶上重入内阁的夏言也大有趁此机会建立一番功业的雄心，得知曾铣此议，也认为此举可以永绝套患，一劳永逸，极为赞许。他一面与曾铣通过书信往来，不断商议；一面多次向嘉靖荐举曾铣，说是群臣之中，忠诚才干，谁也比不上曾铣。嘉靖很为夏言所动，不但多次命夏言拟旨奖谕曾铣，并也真在筹划兵饷，想要完成"复套"之功。但是嘉靖的兴致虽有，却又时怀隐忧，特别是想到"土木之变"，更怕轻启边衅，惹起祸端。严嵩看出了这是个很好的机会，于是立刻动手。

严嵩这次的做法仍是多方发动，齐力进攻。他先勾通嘉靖的近侍，要他们时常以语言影响嘉靖，让他感到"复套"之议实在是个祸根。在外廷，严嵩又在暗中发动言官，要他们有人亟论边衅不可轻开，有人则疏劾曾铣结纳阁臣、大言欺君。严嵩又已知道，曾铣的岳父苏纲和夏言素有交谊，夏、曾之间的往来，苏纲也曾助成，觉得更有利于构成夏、曾二人的罪名，于是联通边将仇鸾，要他力言查得曾铣贿通夏言的细节。

嘉靖受到左右近侍的影响，实已很怕"复套"会惹出事来，但他曾多次命夏言拟旨奖谕曾铣，授人以柄，又难改过口来。为此时常暴怒，闲时又常喃喃自语："搞不好，杀一个曾铣能了事么？"至此，严嵩觉得事已成熟，便力言河套实已难复，并攻击夏言赞助此举别有用心。严嵩很了解嘉靖的想法，他已自悔孟浪，却又羞于自承，说夏言别有用心正是给嘉靖找个借口。使他借着怒责夏言可以脱身出来，夏言为此曾和严嵩往来疏辩，这使嘉靖更加冒火，于是又夺去夏言的官阶，命他以尚书致仕。

又赶走了夏言，但是仍然没能致其死命，严嵩对此当然不能放心。他知道嘉靖是个极其护短的人，奖谕曾铣是他落在夏言手里的一个短处，单凭这个，就足以致夏言于死。于是他命人向宫中传出谰言，说夏言离京之时很是不平，口中曾出怨言。这个精心制造的挑动，很使嘉靖惊心，不由已动杀念。这时严嵩又代仇鸾做了一道劾疏，说曾铣贿通夏言，其实意在加官晋爵，并把苏纲也牵连进去，说苏纲是为他们相互串通，共谋奸利。这事又给嘉靖造成了杀夏言的有利借口，于是一面把曾铣和苏纲都投入诏狱，一面派遣校尉去追捕夏言。这次夏言终于没能逃过严嵩的毒手，他和曾铣终于都被判了斩刑，死在法场。

　　严嵩在夏言之后又做了将近十五年的首辅，这次他无所畏惧，恣意而办，做了很多坏事，害了不少好人，成了直至后世还很有名的奸相。这些年中，严嵩虽说极力拉帮结派，聚集了很多党徒，但论奏他的人还是很多，几乎一直没有停过。严嵩受到的攻击虽然最多，而且都有实据，但却都没能把他攻倒，反而是攻他的人几乎反都得罪而去，或打或杀，又有很多人送了性命。这是由于攻击严嵩的人都没能掌握到嘉靖极为护短的这一要点。凡属被严嵩害了的人，都是像害夏言那样，利用嘉靖易于羞怒的弱点，激起他的火来得遂心意的。以此来论奏他，无异是指摘嘉靖，而严嵩用以激怒嘉靖的手法更自易行，攻者必然倒霉也就毫无足怪了。认识到这一点的人，严嵩而外还有徐阶，最后徐阶为极多愿以一死劾倒严嵩的人主谋，改了他们的疏稿，不谈那些被害人的冤案，却说他一贯庇护贪污盗窃，且曾勾通倭寇，其子世蕃，母丧中身系牢狱，却还日夕饮宴，恣为淫乐，既亏孝道，又且目无王法。徐阶这一改动，果然有效，竟把严嵩的儿子严世蕃也给问了斩罪，和夏言一样，也在西市身首异处。

徐阶是江南华亭人，极聪明能干，嘉靖二年（1523），他才二十一岁便得中了一甲第三名的探花，授编修，进了翰林院。夏言很看重他，对他多予提携，所以有些人说，徐阶主谋搞垮了严嵩，也可以说替对他有知遇之情的夏言报了一箭之仇。徐阶入阁并不为早，他是在嘉靖三十一年（1552），释褐已达三十年才得入阁的。他遇事从容，正也由在阁外历官多年，阅历繁多，有以致之。徐阶入阁时，首辅便是严嵩，次辅则为李本，徐阶在阁中名列第三。由于徐阶人聪明，科名高，严嵩自始对他便很忌怕，多次加以倾害，《明史》记载说是，"中伤之百方"。然而徐阶从容应付，严嵩终于无法奈何得他。徐阶的文笔甚佳，所撰青词很得嘉靖的称赏，他的声誉日起，严嵩始终搞不倒他，这倒也是原因之一。嘉靖四十年（1561），李本丁忧离阁，徐阶升任次辅。那时嘉靖对徐阶宠任渐已有些超过严嵩，严嵩也看出了，徐阶接替他而为首辅，不过是指顾间事，他害怕报复，便又使出了流涕乞哀的柔术。他设宴把徐阶请到家中，要家人都围着徐阶环拜，自己还说："我是即将下世的人了，他们此后还望我公加以哺育。"

徐阶任首辅后，深知这个位子并不易坐，要想平安无事地离开更得好自为之。因此，他进能思退，很早便着意为自己的退路做了安排。他首先想到的是，要找一个和厚守正的人，把他引入阁中，共事时是个助手，致仕后不会存心不良，多所为难。他选中的是嘉靖二十六年（1547）丁未科的状元李春芳。他还想到，裕王虽尚未被立为太子，将来入居帝位的必定是他，那时他的讲官高拱，自也定将入阁。既是定然如此，何不先走一步，就把高拱引入阁中，使他知情感激，免于将来或会成为对手？他这两着，看来似乎都好，其实却是一得一失。对李春芳，他这着棋算下对了。李是个好好先生，向以恬退为怀，一切正如徐阶所料。对于高拱，他却看走了眼。高拱倨傲尚气，自觉已在裕邸主讲多年，入阁是铁定了的，对徐阶的引进简直毫不在意。入阁之后反而发生了不少误会，两人之间竟已渐似势如水火。

徐阶想着，将来李春芳即便位居首辅，怕也难与高拱相敌，必须更找一个雄鸷果敢的人，引入阁中，用来抵制高拱日后可能会有的报复。他意中的人选，是一直都在给高拱做副手的张居正。徐阶对张居正在早便已有深刻的印象，觉得此人虽久居高拱之下，但论举止气度，高拱还不及他。这次徐阶比以前更为谨慎，在把张居正引入内阁之前，便先和他接近，示以厚待之意，要到彼此相投之后，再作援引的打算，到为嘉靖草遗诏时，徐阶对张居正的拉拢达到了极点。依例皇帝去世时所发出的最后一道遗诏，应由首辅主草，他如需要有人商议，多半也是邀约一或两位阁臣。但是徐阶这次却把阁臣全都撇开，单单约了张居正来共同商议。这个做法使张居正很为感激，而阁臣之中，别人还好，尚气的高拱则大为不平，不仅更恨徐阶，并也迁怒于张居正。这种迁怒似乎倒正是徐阶所需要的，高拱与徐阶相比，究竟差着一着，入了徐的算中，还不觉得。

张居正是在裕王即位，改元隆庆后才入阁的，当时首辅是徐阶，次辅是李春芳，以下则有高拱与和张居正同时入阁的陈以勤。张居正与李春芳是同年，他也是丁未科的进士；他与高拱共事多年，一向都是高的副手，在裕邸，二人也是同为讲官。本来高拱也很看重张居正，并且同以相业相期。徐阶一意厚待张居正，使高拱极为不满，草遗诏后更加有了距离。在内阁中，高拱虽说名列第三，但自觉是裕邸旧人，很不把首辅、次辅放在眼里，遇事常坚持己意与徐阶相争，有时甚至出言不逊，给人以很恶劣的印象，终于闹到难以继续，隆庆改元后不久，便被迫去职。

徐阶知道，隆庆信爱的还是高拱，他之不肯相下，必使高拱被迫离去，是不想使自己显得软弱，有个被人逐出的形象。高拱去后，他又从容布置，干了一年多一点，才于隆庆二年（1568）七月，致仕回家。

徐阶去后，李春芳晋居首辅，以下则有陈以勤和张居正。张居正虽居末位，却是对人严正，颇具相体，他对李、陈二人，全都看不上眼。一天，在阁中闲谈，李春芳感到自己办事很难，人言啧啧，不觉叹道："以徐公之贤，都还以人言而去，我还能久在吗，只有早晚乞身而退而已。"坐在旁边的张居正，看了看他，不觉冲口而出："这么做，倒还能保住名声！"话说得这么轻率，竟使素有好好先生之名的李春芳也不由大吃一惊，愕然不已。

隆庆三年（1569）十二月，高拱终于又被召回，位居次辅。他把首辅李春芳更是视为无物，凡事全以己意出之，并且专向徐阶寻事，不但尽反徐阶所为，而且多方罗织徐阶的罪状，想如严嵩之于夏言，把徐阶彻底除掉。由于徐阶的儿子在乡欺压人民，颇多不法，正好被高拱抓着了把柄，便与以前在那里做知府，和徐家结有仇恨的人，联合勘磨，把徐阶的两个儿子定了遣戍的罪刑。在朝中，高拱不断嗾使御史，要他们加紧论奏徐阶，一心要把徐阶搞垮。张居正看不过去，又感念徐阶的种种厚遇，很想使事情缓和下来。那时李春芳和陈以勤都已致仕，张居正已是次辅，每和高拱论事，常常加以解劝。不想这时忽又有人谣传，张居正收了徐家三万两银子，所以才这么尽力。高拱这人久已习于当面凌人，听到这种谣言，便即找到张居正，当面倍加讥讽。张居正纵然指天誓日力言并无此事，高拱却总不信。这样，两人之间裂痕更加增大，以至难于并立，到隆庆六年（1572），隆庆去世，张、高二人终于短兵相向，高拱败下阵来，张居正开始了他的长逾十年的重臣生涯。

　　明代阁臣间的争夺、倾陷，以从张璁到张居正这一段时间表现得最为激烈，相互拉拢言官，开展攻讦，也是从这一段时间里发展起来的。此中互争的时间最长，最激烈，也最残酷的是严嵩与夏言之争。干得最为脆快，勾结已经达于内宫的，则是张居正之逐出高拱。张、高之争由于牵涉到内监和内廷，后面还要说到，这里便不再多说。

　　张居正之后，门户之争已渐形成，阁臣进退，与言官之间攻讦、争辩的声势、胜负，关系也已日见重要，阁臣彼此之间，斗争的方法和形式也就颇有不同，所涉及的范围也加大了。

# 内监

内监古称宦官,由于身在宫廷,每每对政局很有影响;特别是一个朝代濒临衰亡之际,内监更多地起些坏的作用,因此历代论者对于宦官都极少好评。不过,这都是环境使然。首先,是历代论者都常说到的,因为内监身心遭受过伤残,遇事对人,自然恨多爱少、阴毒险恶。其次,因身在深宫,服侍的是皇帝、后、妃等人,偶拂其意便会得祸,以此便巧言令色,养成了很多恶德。还有,一般内监没有全归自己的居处,食住都与伙伴相共,接触较多,冲突也多,攻防较量,胜者每多狡恶之辈。成了气候、有头脸的,也以此辈为多,所以内监常常干不出什么好事来。这些虽是历代都有的泛泛之论,仔细想来,却也有些道理。

内监在明代为祸之烈,论者常以为是较之汉、唐,尤有过之的。关于此点,明代的开国之君朱元璋自始便很注意,而且想要设法予以制止。但事物的发展自有其内在的规律,一个人即使成为最高统治者,也无法以他的意旨使之有所转移，加之他的后人又增添了有助于宦官为害的一些做法，所以明代的宦官为祸之烈反而很为突出。

最早提到了内监的古籍是《周礼》，在那书里，内监被称为"奄寺"，曾有"奄寺不及百人"之语。明太祖朱元璋极崇奉《周礼》的这句话，他常说，"朕观《周礼》，奄寺不及百人，后世至逾数千，因用阶乱。此曹止可供洒扫，给使令，非别有委任，毋令过多。"也还常说，"此曹善者千百中不一二，恶者常千百。若用为耳目，即耳目蔽；用为心腹，即心腹病。驭之之道，在使之畏法，不可使有功。畏法则检束，有功则骄恣"。他是起自民间的，所以对于内监有与民间极为一致的看法，既深知其惯于为害，又很注意于有效的予以制止的方法。但他并没认识到，内监之惯于兴风作浪，是这种制度所具有的内因形成的，要消除此患，只有废除了这种制度才行。朱元璋不但没能认识到这一点，反之他还认为宫廷之内，内监的服役是万不可少的。早在建立大明之前，在他的治区还自称为吴国时，朱元璋的宫廷便已有了内监，而且人数也远远超过了他所频加引用的"百人"。在人数上，他虽曾不断肯定、引用《周礼》所说的"不及百人"，但因实际上的需要，在他宫内的内监人数却在继续不断地递增，建立了大明皇朝以后，增加得更是迅速，就在他及身之时，内监人数也已增至数千，并且十二监、四司、八局，所谓二十四衙门，也都建立得规模具备了。

二十四衙门中的十二监,那是:司礼监、内官监、御用监、司设监、御马监、神宫监、尚膳监、尚宝监、印绶监、直殿监、尚衣监和都知监。四司则是:惜薪司、钟鼓司、宝钞司和混堂司。八局则是:兵仗局、银作局、浣衣局、巾帽局、针工局、内织染局、酒醋局和司苑局。从这些名称来看,其所经管的范围已是极宽,把衣、食、住、行、军器、甲仗、以及烧的、用的、钱钞等等,全都包揽无余了。朱元璋的认识和主张,在事实上可以说已经崩溃到无影无踪。但虽如此,他还是订出了些措辞极为严厉的禁例,企图加以补救。这些禁例是:内臣与外官不得有文移往来;不得互通消息;内臣不得兼有外臣文、武官衔;内臣不得服用外臣冠服;内臣官阶不得高过四品;内臣月给食米一石,衣食都在内廷;还有,内侍不得识字!更加特别郑重的是,他还铸了一面铁牌立在宫门,文曰:"内臣不得干预政事,犯者斩!"这些禁例说得虽极严厉明白,但到后来,几乎全都成为具文,渐渐被破坏无遗,很少有人再能想到了。有些禁例,甚至就是朱元璋自己给破坏了的。如在洪武八年(1375),他便曾派内侍赵成到河州去市马;在洪武二十五年(1392),又派出了司礼监的内侍聂庆童,到河州去办理茶、马等项事务。这些都违反了他所三令五申的"内侍不可令与外事"的禁条。这也给以后各朝很多中官奉命出使以至镇守边地造成了先例。

总的说来，被朱元璋自己破坏了的禁例并不算多，其他各条都是后来的诸帝渐加破坏了的。朱元璋去世后，继位为帝的是皇太孙朱允炆。皇太子朱标已在朱元璋之前去世，所以皇位由皇太孙继承，这便是后世所说的建文帝。这位皇太孙对他祖父所定的这些禁例执行得很严，他才即位，便曾严谕各地官吏，内侍外出如有不法之处，地方有司可以将其械送治罪。在内廷，对内监管理得也极严，稍违禁例，即行惩办。内监们在拘束过严的监管下，很多人都觉不满，等到燕王朱棣以"清君侧"为名，造反南下时，很多内监纷纷逃往朱棣的军中，把朝中的诸般虚实都报告了他，加速了他的胜利，使他很快便攻入南京，夺得了帝位。

朱棣夺得了帝位，次年便改元永乐，他就是明代称为二祖之一的明成祖。朱棣由于暗中曾很得到内监们的助力，对于内监的观感便与明太祖和建文帝大有不同，内监的待遇宽松了很多，人数更增加了，二十四衙门经管的范围更铺展开了不少。朱棣改变旧制最显见的便是内监竟可公然统率军队搭乘舰只，自由出访。至今仍然盛传人口的"三保太监下西洋"，便是于永乐三年（1405）开始的。这个"三保太监"姓郑名和，是云南人，他自幼便已"净身"（动过手术，成为阉人，俗语称为"净身"），被分到燕王的藩邸中服役。燕王提兵南下，郑和也在军中。他很立了些功，极得燕王倚信。他曾前后七次出访西洋（即今东南亚一带）各国，统率的舰只人员，规模极大，共计有将校、士卒二万七千八百余人，分乘着长达四十四丈、宽有十八丈的大船六十二只。这样的人数和舰数，以及舰只的巨大等等，在当时可说是世所独有的、最大的舰队。郑和多次出巡，当然意在宣扬国威，通使求好，也还含有炫示富强，要西洋各国把中国奉为大国，前来朝贡的用意。此外，据传还有一个更为着意的目的，便是想到海外探寻出一直寻获无踪的建文帝的踪迹。原来燕王朱棣率军攻入南京之时，情势很乱，宫中起了大火。在混乱中，却不见了建文皇帝，到处寻遍，都无踪影。朱棣得知此事，立命紧闭宫门、城门，派人分往城中各处认真仔细搜寻，务要生能见人、死能获尸，才肯罢休。但是连搜多日，仍毫无所见。不久，外面便有了很多关于建文帝的传说，所有的传说都是讲建文帝早在城破之日便已逃出城外；逃往哪里，则各说不一，川、滇、黔、桂等地都各有所传说。过了些时候，建文已经逃往国外之说越来越多。有一些人还说，某人、某人，曾在海外某地、某处见过建文；更有很多人还说，建文已经落发出家，袈裟芒鞋，完全已是僧人打扮……永乐觉得，建文如在，对他始终是个威胁，必须把他寻获，做个了断，才得心安。因此，郑和出访，暗中就还负有访查建文皇帝踪迹的使命。郑和七次出访,开始于永乐三年(1405),到第七次出行已是宣德六年(1431),前后共达二十余年,到过占城、爪哇、真腊、旧港、暹罗等三十余国,史家称为明初盛事,洵非虚语。

除了郑和以外,永乐派往各处的内监还有多起,如永乐元年便曾派出内官监的内监李兴,命其奉敕前往暹罗,去问候那里的国王。此后如李达出使西域、童海出使迤北、侯显出使西番,也都和李兴一样,负有相同的使命。

派内监到军队中去作为监军,或是就由内监径行统率军队出镇地方,也是早在永乐年间便留下了例子。譬如,永乐八年(1410),便在都督谭青的营中派有内监王安作为监军,内监马靖出镇甘肃,内监马琪出镇交趾(即今印度支那半岛),便都是内监自率军队出镇边方。

永乐虽然有过这些有违祖训之事,但却不肯承认。他狡辩说:"朕一遵太祖训,无御宝文书,即一军一民,中官不得擅调发。"郑和等人出访海外,监理军兵,出镇边方等等,当然都要有御宝文书,不然,岂不是迹近谋反或是形同割据了么?况且明太祖的那些禁例,作为对象的虽是内监,而认为应予注意的,却还是在于后来继位为帝的后人们,要他们特别注意到这些地方,不要在这些去处给予方便。永乐当然不会无知至此,他这么说不过是打个圆场,粉饰一番而已。

对于"内侍不得识字",永乐同样也未予重视,他曾特命范弘、王瑾、阮安、阮浪等四人都去读书,要使他们能通经史,善笔札,并即以此用来侍奉当时尚在东宫为皇太子的朱高炽。这几个人都是英国公张辅出征交趾时掳来的姣童,永乐欢喜他们聪明姣好,所以阉为阉人,并使他们能以文笔来侍奉太子的。后来这几个人,还都在宫中起过一些作用。

永乐虽说破坏了"内侍不得识字"这一禁例,但准许读书的人数究竟很少,而且是在暗中进行的,并没有公然表示违抗。到了明宣宗,也就是朱棣的孙子,年号是宣德的朱瞻基即位为帝后,则已大模大样否定了"内侍不得识字"这一条。他以明令在大内设立了内书堂,选了一些较为聪明的小内监,送到那里去读书学习,要使他们习知经史,娴于文墨。这种做法竟即成为定制,直到明亡,内书堂才跟着归于消灭。最初在内书堂做教习的是大学士陈山,后来还有很多的大学士或是学士在那里任教。有些时候,甚至有两三个人同时在那里任教。由于教的人都是读书有得的人,所以在内书堂读过书的内侍们,书都读得不错。史称他们:"用是多通文墨,晓古今,逞其智巧,逢君作奸。数传之后,势成积重,始于王振,卒于魏忠贤,考其祸败,其去汉、唐何远哉!"此论倒也颇是,但说"卒于魏忠贤"则不为确。如说卒于崇祯之际的曹化淳或高起潜,才更合适。魏忠贤完结时不但离着明代灭亡还有十几年，并且他也没在内书堂里学过什么。他是个半路出家的宦官，在内书堂大概也混过几天，但并没有认真读过什么书。在明代所有颇能为祸一时的大珰中，他是唯一没有读过什么书的，当时甚至盛传他连字都不识。

在二十四衙门中，司礼监一向便占有首要地位，而为一切内监追逐争夺得最为炽烈的位置。历来，司礼监设有提督太监、掌印太监各一位，其下还有秉笔太监、随堂太监、书籍名画等库掌司、内书堂掌司、六科廊掌司等各类太监，这些人员都无定额，人数多少，时有不同。司礼监提督太监的威权最大，司里司外一切事情几乎他都能管。由于他从来便有督理皇城内一应仪礼刑名和钤束管理下人等的权力，所有内监的处罚、惩戒便都掌握在他的手中。掌印太监是管理内外章奏的，在御前核对各项章奏并予用宝颁行是他的事。秉笔太监也很重要，他们不但常常根据皇帝的口头吩咐，代拟旨意，连照阁票批朱的权柄也掌握在他们的手里。所谓"批朱"，便是根据阁臣的票拟文件，用朱笔批具意见，或是认可，或是批驳，或是指出另外的做法，交回阁中，命其照拟。这批朱一事，原本是皇帝自己分内的工作，并且是他最主要的工作，实不应交给别人代为。但是或因皇帝太忙，或因一时心绪不佳，倦于理事；或因心有旁骛，讨厌这类麻烦；或因虽已登基在位，而年龄尚幼，还拿不起来……皇帝不能或不愿办这种事情的原因很多，但又实在不能不办，近在身边的司礼太监便成了当然的替手。这在最初当然还是偶然代办，后来习以为常，批朱一事竟成了司礼秉笔太监的例有职务。所以有内书堂之设，其主要目的就在于提高内监们在这方面的能力。

司礼监抓到了批朱权，它的权力便伸延到了外廷，影响到了阁臣的职务，有时比阁臣的作用还大。因为票拟只是提出方法和意见，批朱却起着决定的作用。此外，司礼监还掌握着以侦查、缉捕、审办人的，类似特务组织的东厂，对外的影响更伸展到全国各地。为了加强帝制的统治力量，明代在建国之初便设有锦衣卫镇抚司，并于刑部狱以外还设有诏狱。这锦衣卫镇抚司便是专门用来侦伺、缉捕人的一个特务机关。但是后来还嫌不够，便于永乐十八年（1420），又设立了更为接近皇室的东厂，由于司礼监有督理刑名的职务，所以东厂便即由司礼监经管，设有一名提督东厂事务的太监。由此也可看出，永乐比他的父亲更加信任和倚赖内监。锦衣卫和东厂，因为职司相同，在权限上又无明确的划分，所以彼此之间常有互争之事，何者居上也是时有不同，有时是锦衣卫得势，有时又是东厂占了上风。但掌管锦衣卫的虽多是皇帝的近幸，但终是外臣，比起管理东厂的内监来，和皇帝的接近到底差着一些，所以东厂占上风的时候总要多些。侦伺和缉捕给提督东厂的太监带来了很多敲诈勒索、贪污受贿的机会，可以说是个极美的肥缺，所以这个职位的争夺一直便很激烈。到明宪宗为帝的成化年间又于东厂之外增设西厂，便是由于安抚争夺东厂不能得手的汪直才又加添的。这汪直是个瑶人，非常狡黠，又出身于最为明宪宗朱见深所宠爱的万贵妃的昭德宫里，所以朱见深也极宠信他，常派他换上便衣，到各处去探察一些想要知道的隐秘事情。那时提督东厂的太监是尚铭，虽也很会办事，但便给不如汪直，所以汪直多次想把东厂这块肥肉从尚铭的手里夺过来。朱见深觉得尚铭并无不合之处，不便把他的职务撤销，但又不愿使汪直过于失望，因而便增设了这个西厂，使尚铭、汪直平分秋色，两人都有一块肥肉。

东厂、西厂之外，在正德初年还在宫中设过一个叫"内行厂"的侦伺机构。这是明武宗朱厚照为那个最受他宠信的内监刘瑾加设的。这个厂成立得最后，为时也最短，但初设时气势却极大，连东厂的缉事人员也都怕它。这个内行厂可说是与刘瑾的命运紧连在一起的，刘瑾势盛时，它也最得时；刘瑾被诛后，它也就瓦解烟消了。西厂虽比内行厂存在的时间要长些，但为时也不能说久，它立而又撤共有两次，都是与汪直的兴败有关，所以，如说西厂是与汪直的命运紧连在一起，也是可以的。西厂初设时，气焰远出于东厂之上，捕人更其迅捷，用刑也更残酷，常会使人筋骨都至寸解。汪直每出，总要率领不少的随从，横冲直撞，连公卿也要避道。兵部尚书项忠遇而不避，竟也遭到了他的凌辱。西厂第二次被罢是在成化十七年（1481），此后汪直的宠任日衰，西厂也便没有重设。

只有东厂是与明代共始终的。它历时极久，积累亦多，时常派出各色各样密探出外侦查，令人真有谈虎色变之感。明末以至清初，有很多笔记小说都曾谈到东厂所派出的密探，其侦查之诡秘，很有些出人意料。其中有个内容大致相同而姓名各异的故事，分见于几篇小说里面，故事的内容，大都是这样：故事的主人，大致都是提兵在外的总督或是巡抚一类的官员，他身边有个多年随侍的仆人，这人极聪明、极勤快，又极忠心，因而极受信倚，已经到了不可或缺的地步。一天，这仆人突来辞事，说是他想走了。主人惊疑难舍，极力挽留，并且坚问他忽然要去的原因。仆人被逼无奈，才说明了自己的身份。原来他并不是个世代为仆的人，却是个东厂的探子。东厂派他到主人那里来做坐探工作，一切工作往来、私人生活等等都要按时汇报。仆人还说，他很敬佩主人，他的汇报都很切实公道，所以东厂认为无须再加监探，现在便要召他回去，另外安排别的任务了。主人听了，惊奇不已，细加回思，多年来跟随着自己，参与了各项生活的，却原来竟是这样的一个人,不觉吓出一身冷汗,感到极为后怕。这个分见于多处的故事,情节大致都是如此,所不同者,不过是主人的姓名、官阶各异而已。这种情况,有的认为原本应只是一个人的故事,辗转流传,为人误引,后来竟分属于不止一人了。有的则认为,那应是东厂派出的探子普遍采用的手法,因此人虽不同,故事却极相似。两说虽有不同,但有一点则是一致的,那便是这样的故事在明代即已流传很广,成为人们时加谈论的事了。

还有一则故事,也流传颇广,地点、人物虽然稍有变异,但一眼便可看出,来源只是一个。那故事说的是魏忠贤专权时的恐怖时代。据说,有甲、乙两人同在一家酒店吃酒,偶然谈及时事,乙不由大骂魏忠贤;甲却劝他:"别提这些了,看叫人听见。"乙顺口反驳道:"怕什么,他还能剥了我的皮吗?"当时分手,二人俱各无事。次日甲上街,却被一个素不相识的人以有事见告为由,约他去吃酒。他们又来到昨天和乙共饮的那家酒店。坐定之后,那人指指上面,问甲道:"看见了吗,谁说不能把他的皮剥了?"甲向其所指之处一看,几乎给吓得神魂出窍,原来昨天还和他在一处吃酒的乙,真的已被剥皮实草,高高地悬在店里了。这个故事流传相异之处更少,所不同者,只是地点略有不同,有的说是在酒店吃酒,有的则说是在茶馆吃茶。有的还记有某人向甲大为称扬魏忠贤,说厂臣如何明察秋毫,他们二人同在吃酒,可是骂与没骂,分别就有不同。

上述的两则故事,在北京一直都流传着,很有些人并没看过任何笔记小说,只是从茶楼酒店里听得来的。这两则故事,一以见东厂的探察之深细,一以见其耳目分布之周密,都是极具典型的概括意义的。东厂原就设在北京内城的东区,所以有关东厂的传说,流传于北京的也较别处为多。东厂所在的那条街,一直被称为东厂胡同,明亡后至今也还被这样叫着。

明代著于史籍的大珰很多,从王振算起,直至魏忠贤、王体乾、高起潜等,可以说是一直延续不断,历朝都有。他们很多都是擅权恣威,权势几乎有过于当时在位的皇帝。但是话虽如此,却因明代自从太祖朱元璋起,便不断为了保障帝权,在内外各部门间造成了多种相互牵制的规例,所以这些大珰又没有一个可以像汉、唐时的宦官那样,连皇帝的生、杀、立、废都操持在自己的手中的。以王振而言,年幼的明英宗朱祁镇几乎什么都听他的,亲征瓦剌,简直是被王振所挟持。朝内、朝外几乎无一不唯王振之命是听。但"土木之变",郕王监国,顷刻之间,不但王振遭到灭族,无少长皆斩,他的党羽也是即被诛戮殆尽,轻易得直如摧枯拉朽。再如汪直、刘瑾、冯保等人,虽曾很不可一世,但也只能倚势行威,一朝得罪,都无自保之力。最后,就是声势显得最大,已经生祠遍天下、人称"九千岁"、义子干儿遍布朝内朝外的魏忠贤，在天启去世之时，虽然曾有他与崔呈秀密议了很久，颇有篡权夺位之意的传说，但也始终没有见诸行事。魏忠贤终于还是在被发往凤阳的路上自缢而死，党羽也一时尽被摧毁。

　　从明代的大珰也只能倚势为恶，可见明代的使各部之间相互制约的政策实有利于帝权的巩固，但因此而造成的竟有很多皇帝多年倦于临朝，诸臣之间相互扯皮，而使国势日衰、腐朽日甚，终至不可收拾，则又是另一面的必然转化，这可又是当日一心谋求增重帝权的人万万没有想到的。

# 万历
## ——三案的造因者

梃击、红丸、移宫三案，只有梃击一案是发生在明神宗在世时的万历四十三年（1615），其他两案则都发生在万历四十八年（1620），明神宗万历去世之后。虽然三案中有两案发生在万历的身后，但因这三案是相互关联，造因也同是一个，并且蕴积了很久，所以若说到三案的造因人，则又应说万历是最主要的。

这样，要想弄清三案的成因，谈谈万历这个人实在是很有必要的。

朱翊钧是明代即位为帝的第十三人，他的年号是万历，死后被谥为神宗。在万历之前，明代已有十二人为帝，但年号却有十三个，那是由于"土木之变"曾为瓦剌所掳的朱祁镇曾有前后两次登基，年号也改过两次；初号正统，继称天顺。

在明代的一十六帝中，朱翊钧是在位最久的。他年仅六岁便被立为太子，十岁时，他的父亲明穆宗朱载垕（hòu）去世，他便即位为帝，次年十一岁才把年号改为万历。从隆

## 万　历

庆六年（1572）六月他在灵前即位算起，到他于万历四十八年（1620）七月去世为止，万历身居帝位足足有四十八年还多一点。他不但以在位最久著称，说到贪财好货，懒散拖沓，多年倦于临朝，把国事扰得一塌糊涂，他也是极有名的。他之所以如此，从他自幼及长所受到的教育和影响，不难看出一些端倪。

万历登基为帝时才年仅十岁，还完全是个孩子，扶植他习为帝业的，主要共有三人：他的母亲李贵妃、太监冯保和首辅张居正。这三个人相互利用，联合得很紧，万历在初年便是在他们的共同管理下长大成人的。这三个人彼此配合，把万历管得很紧，因而对于万历的影响也都很大。认真说来，李贵妃、冯保、张居正三人的联合实是显然违反祖训的事。因为不许后妃干政，明太祖朱元璋不但在他生前常说，而且还在他的《洪武宝训》中列有专条。李贵妃后来虽被尊为太后，干政也还是不能允许。冯保更不消说了，宫门立有铁牌："内臣不得干预政事，犯者斩！"他先就犯了死罪。张居正是阁臣，辅政原是他的本分，但外臣勾结内臣，外臣暗结宫闱都是犯了极重的条款，为此而送命的人实在并不算少。然而他们各自为着本身的利益，还是悍然紧密联合了，最高的统治权落入了他们的手中，《宝训》、铁牌还不是干摆在那里。

他们三人的结合，是由冯保从中穿针引线撮合成功的，最初的共同目标是赶掉首辅高拱。冯保仇恨高拱，是因为高拱两次阻挡了他升任掌管司礼监的机会。由于奉行相互牵制的政策，司礼监掌印太监（提督、掌印后常合为一员）出缺，例应由首辅加以推荐。在隆庆初年，司礼监掌印太监出缺，依次应由冯保递补，但那时的首辅高拱因不满意冯保，把那位置推荐给了御用监的太监陈洪。陈洪被罢后，高拱又撇开了冯保，推荐出尚膳监的孟冲。依例，尚膳监并没有升任司礼监掌印的资格，所以冯保就更恨高拱。冯保这人极其有心计，很早便一意结纳下了皇后和李贵妃，向她们诉说过由孟冲掌司礼监的不当，终于在穆宗朱载垕去世之际把司礼监的职位夺了过来。他很清楚，不去掉高拱，他的职位绝不会安稳，而要去掉高拱必须得到李贵妃和张居正的配合，内外夹攻，才行。

李贵妃的心事，冯保知道得很清楚。他知道李贵妃最切望的便是，如何把她那当了皇帝的儿子掌握在自己的手中，最好是被尊为太后之后，能摆脱一向在她之上的皇后的威势。作为皇帝的生母，被尊为太后倒是已有先例了，但与皇后成为一无差异的敌体，她却没敢想望，因为就是为生母争到同封太后权利的明宪宗的生母，她那样力争，也还只争来了个光秃秃的"太后"，比不得皇后，在太后之上还另有徽号。冯保为赶走高拱和迎合李贵妃，暗自想出了个办法，他向李贵妃说，只要赶走高拱，使张居正得为首辅，张在议上尊号时，便能左右一切，使她和皇后一样，在太后之上也加上同样的徽号。这便成为他们之间的，最先订下的一个协定。

冯保虽不为首辅高拱所喜，而与次辅张居正却一向相交甚厚，高拱所以不高兴他，也许这也是原因之一。张居正和高拱由于徐阶的事已经弄到了势同水火，在穆宗临终之际，更是闹得很难共事。那事也是冯保惹出来的。照例，皇帝去世总要拟出一道遗诏，昭告世间。这遗诏，向来也都是首辅一人的工作。但冯保为了想把自己的名字加入到顾命大臣之列，便在暗中约了张居正，想要由他们二人先就同草遗诏。不想事机不密，却被高拱赶来冲散了他们，高拱责问张居正道："我当国（按：明代首辅主持政务称为"当国"），奈何独与宫人草遗诏？"高拱问得理直气壮，张居正只有赤颜谢过不已，实在感到很是难堪。冯保对于这些又很清楚，所以他便径自前来与张居正商议如何赶走高拱，并且向张居正提出了要做到两宫皇太后一体并尊的先决条件。赶掉高拱，晋居首辅，张居正当然极为高兴，但那条件却又使他为难。因为获居首辅，德业也很重要，这并尊为太后而在徽号上有别，那是当年彭时、李贤为阁臣时硬顶住了宪宗的生母订下来的，一时极为世所称颂，连宪宗朱见深都曾暗派中官夸赞他们，说是"上意固如是，但迫于太后，不敢自主，非二公力争，几误大事"。彭时、李贤以持正而大获时誉,他张居正却要出头打破这个办法,会得到什么结果呢?因此,张居正很久都难决定是否可以应承这个条件。但是,从此得为首辅,又不再受到高拱的压抑,这种诱力终要大些,使他终于答应了这个条件,并在由他主持廷议时,议定了,尊皇后为仁圣皇太后,尊李贵妃为慈圣皇太后,仁圣、慈圣,铢两悉称,真做到了并尊无异的地步。

与冯保内外串联的同时,高拱也在匆匆安排着他的谋划。冯保夺回了司礼监掌印太监,又想把自己的名字添进顾命大臣里面,使高拱怒不可遏。他上疏以主上年幼为言,说是为了免于中官专政,最好免去司礼监批朱等权,以之还归内阁;提出了重要的改革意见。同时,他还命给事中雒遵和程文二人合疏力劾冯保,准备二人的劾疏一入,他自己便立刻拟旨,把冯保逐出宫外。他安排已定,很不自秘,还把一切都告诉了张居正。张居正表面上唯唯诺诺,暗中却把这一情况迅速通知了冯保,要他预为准备,先行下手。冯保利用高拱在阁中痛哭大行皇帝时曾说过"十岁的太子,如何治天下"的话,稍加改动,告诉两位太后说,高拱竟说"十岁的孩子,如何做天子",显然有不臣之心。这话不仅使两位太后极为震动,就是那个十岁的皇帝听了,也不觉为之变色。这样,驱逐高拱的决定,便在宫中早已定下了。

高拱万没想到他会遭到暗算，次日一早，他便来到阁中，静候消息。不久，果然便有中使传谕，说是两宫太后召集阁臣入宫，要宣读太后和皇帝的诏书。高拱满心以为所要宣读的诏书必是认可处分冯保，于是高高兴兴，立即率领众人入宫。不料，入宫之后他才知道，被处分的不是别人，却竟是他高拱。两宫太后宣示了高拱的种种罪状，并即予以罢斥，命其即行出京。这个意外的骤变，有如晴天霹雳，直震得高拱跪伏在地，不能转动。最后还是张居正搀他起来，把他掖扶出宫，才得离去。

　　逐去了高拱，张居正便即晋位首辅，这次的首、次辅之争，干得最是迅捷，真是短兵相接，胜负立见，前此后此，都没有过。但是事情还没就此完结，冯保深恨高拱，必欲置之死地。不久，却巧有个叫王大臣的人，身着内侍服装，混入宫内，一直走到乾清宫的近处才被捉获，送到东厂。那时冯保已兼管东厂，便想借此治高拱于族罪，便和张居正商量，看是如何入手。为了免除高拱或会起复的后患，张居正自也赞成。于是二人商议妥当，命冯保的家仆辛儒勾通王大臣，交给他一把刀，让他说是高拱被罢斥后心怀怨望，特派他来行刺皇帝的。借事构成谋逆罪名，陷仇家以灭族之罪，自明初以来便有过多起，因此冯、张二人的密谋很快便被很多人看出，于是高拱的门下之士，甚至张居正门下的人，纷纷都来设法解脱，他们都申明利害，劝张居正万万不可下此毒手。张居正迫于众意，已经感到硬做下去好处不多，加之王大臣在会鞫（jū，审问）时又翻了供，于是张居正才改变了主意，他微然一笑，说："不会有什么事，可以去告诉他，千万可别吓死！"

李太后、冯保、张居正合谋赶走了高拱，彼此都很满意，于是便又通力合作，分担经管这个孩子皇帝的工作。

那时李太后最关心的是如何能把她的这个儿子教好，使他快些可以成为一个像样的皇帝。为此，她从原来居住的慈宁宫里迁出，搬到乾清宫里和万历同住，处处都加以监管。每逢临朝之期，李太后总是将近五更便亲自去到万历的寝所，叫起他来，免致误事。万历读书的事，她抓得最紧，不但每天都要课其背诵，讲官讲过的新书还要他当面再行复讲。背诵不出，或是讲不上来，便要罚他长跪朗读，直到做好为止。如有逃学行为，则罚得更严，不但罚跪，有时还要责打。万历如或有些越轨行为，太后罚得更严。一次，万历喝多了酒，乘兴命内侍唱个新曲，内侍推说不会，万历便要用剑斫他，经劝说后，还割下了那内侍的头发，并说那是"割发代首"。次日，太后听到了这事，她一面把张居正召入，命他上疏切谏，在疏中力陈做这等事的种种不是，要万历厉行改过。与此同时，还命张居正代万历起草一封自己悔罪的"罪己御札"，交来备用。一面她又把那个撞了祸的皇帝叫来，叫他跪下，听她审问并

李太后叫撞了祸的年轻万历跪下,审问叱责之余,
命其朗读张居正代拟的"罪己御札",深刻知罪

查抄冯保前,万历担心:"大伴如果冲上殿来,朕可怎么办呀!"张鲸、张诚从旁宽慰

叱责他的罪过，直到这个皇帝给责备得痛哭流涕，叩头认罪，保证愿改时，太后才把张居正谏疏和代拟的"罪己御札"都掷给他，命其朗读疏文，深刻知罪，并要他把"罪己御札"亲手抄好，公布周知。在万历初期的三个监护人中，李太后是唯一可以直予处罚的人，万历实在也最怕她，但他们终是母子，所以终于还是怕而不恨，关系一直很好。

冯保是作为太后的助手，在内廷、外廷都对万历加以监护的。万历也很怕他，因为他是太后的耳目，有了错处，即便瞒过了太后，被冯保知道了也逃不脱，他的活动范围很大，内廷、外廷，哪里都躲不过他，出了错他都要上告，而且每告必应，太后的处罚也就随之而至。万历依照宫内的惯例，称冯保为"大伴"。这冯保也确以大伴自居，把万历当个孩子一样，提携抱持，不离左右。在万历初行登基大典之时，冯保还是紧随不舍，万历已经坐上宝座，他还紧紧跟住，站在宝座近边。此举使得前来朝贺的诸臣大哗，纷纷加以疏论，都说：诸臣朝贺，拜的是天子，冯保何人，难道他也配受我们拜贺吗？

万历对于冯保，感受上极为复杂，前后的变化也极大。万历最初还很依赖他，朝见群臣，冯保给他壮了不少胆。在冯保身上，万历确也学来了不少东西，专横无礼、妄自尊大，大概是冯保为他做的榜样。对于冯保总是向太后告密，万历当然并不满意，但是最使他怀恨的却是冯保多次拆散并惩罚了他的玩伴。万历大婚后不久，有一阵也像他的从祖明武宗那样，好作夜游，有些为他宠信的小内监引诱着他，小衣窄袖，走马持刀，到处乱跑。冯保不但把这些事都报告了太后，使万历又得长跪受责，并又抄了一通张居正代拟的"罪己诏"，并且连那些最为他所宠爱的小太监，孙海、客用等人也都受了杖责，全被逐出了宫门。还有很多为万历宠任的执事太监，也常因得罪了冯保而被逐出，如很能为万历办事的张诚，便是硬给冯保撤去职司，安置到南京去的。万历因怕冯保，每与小内监们玩耍，总要派出多人在外放哨，望见冯保从远处走来，便赶忙飞报："大伴来了！"于是万历便赶紧正襟危坐，装作正在读书，或是写字，用以逃过冯保的巡视。万历为了讨好冯保，还效法以前赐给阁臣以银章以示荣宠的办法，多次赐给冯保镌有褒奖词句的牙章，文有"光明正大""尔惟盐梅""汝作舟楫""鱼水相逢""风云际会"，等等。这些褒词，有的也许真是发自内心，有的则不免只是用些陈词滥调加以敷衍，甚至竟还有些讽意。如冯保的暗报太后，万历是很着恼的，而以"光明正大"章文赐之，不已是一种嘲讽了吗？其中"汝作舟楫"一章，更可说是神来之笔，十分耐人寻味。从表面上来看，这全是奖誉冯保的扶持载负之功，然而细寻其意，却也含有"抵岸舍舟""过河拆桥"之意，不能不说已予暗示警告。冯保如能体味及此，也许结局会稍好些。

在三人中，张居正主要是负担着师保的任务。李太后对他极尊重，既把国政都托付给他，对万历的成长，更希望他也能多尽心。张居正对此也当仁不让，在执政方面，他是明代所有阁臣中最少受到阻扰的一个。在他为首辅时，票拟、批朱等类手续虽说仍然如故，一切循例而行，其实已只是走个过场，事情的依违可否，已全依张居正的主张而定；因此，张居正在明代所有的阁臣中，以握有的权力而言，可以说是能与以前历代的宰相相比的，唯一的一人。在张居正当国的十年间，他对内对外都取得了不小的成就，显出一片安裕升平的景象，使人甚至兴起渐可以得臻盛世之期，便都是由于他的各种想法都能一力而行，不会遇到无端的非议之故。

万历的读书问题，也是李太后所望于张居正者甚殷的问题之一，在这方面，张居正倒也很用了一番心力。万历即位为帝以来，他的日课虽然例由他的讲官沈鲤和马自强按日授读、讲解，但讲些什么，以及正课而外还要有哪些安排，则都要由张居正来决定、安排。最初，张居正以治乱之由为着眼点，把自古以来的治乱大事，编成了一套"小人书"，既有图画可作直观，又有说明，稍以见治乱之由。他想借此可使万历对于为君之道可以有个初步的理解。继这套教材之后，张居正又命翰林院的儒臣们，从历代诸帝的《实录》和明太祖的《宝训》中选择一些材料，分别归类，编辑成书，共编成了《创业艰难》《励精图治》《勤学》《敬天》等类名目的四十本书，继诸那些图文都有的小书之后，使万历对于帝业可有更进一步的理解。除此而外，张居正每有机会，总还要向万历郑重宣说一些如何为君的正论，对于诸般礼治，类如长幼有序、嫡庶有别等等，每也多所发挥。万历幼年对于这位师尊极其敬畏，静心地听着，不觉便有了很深的影响。后来他在立长、立爱这个问题上所以总觉很是为难，并且显得颇为心怯，张居正的这些教导确乎起到了很大的作用。

李太后和万历母子，在张居正在世之时，对之都极尊敬依信。在李太后方面，张居正不但是代为承担国家大事的擎天之柱，而且是代她教子成材，使其得为有道之君的最好的师傅，因此于尊敬之外，还带有一些感激和畏惧的心情，并且常常也把这类心情传给了万历。每当万历有了过错，或是读书不够用功，她常以郑重的语气把这位师尊抬出来，使万历感到惧怯。她每训责万历，常常要说："这叫张先生知道了可怎么好？"或是，"这样，张先生会怎么说呢？"。这使万历感到，张先生的威势竟远在太后之上，敬畏之心，不觉与日俱增。在张居正生前，万历对他的敬畏倚赖，确实是日益增重，毫无疑念。张居正的权倾一时，这也是其原因之一。

## 万 历

但是,万历之于张居正,实在也常很有些不满之处。这是由于他们之间也还有些利害冲突。万历是个以贪婪好货著称的皇帝,这是他从他的生母李太后那里承袭下来的,在他还是个孩子的时候,便已经时有显现。早在万历还没有大婚,太后还在乾清宫里和他同住之时,万历便已由一些小太监诱引着,在宫外搜寻一些珍奇玩物填充自己的小小私库。那时他已感到,自己虽然贵为天子,被称说是"富有四海",可是实在却是手中无钱,真是叫人冒火。小太监们都是很会出些花花点子,教他如何捞点外快来用的。但是用那些招数得来的钱不唯很少,而且常会给张居正晓得了,还会递上谏疏,连太后也被惊动,常常会以此受责,并要把那些讨厌的谏疏背熟,有时甚至还得抄上一通"罪己诏"。迨万历大婚之后,他要花钱的路数更多,缺钱之感益甚。他究竟登位已久,很晓得一些门道了,他曾将太仓储银自行取用过几次。但很快这又给张居正知道了,不仅立行疏论宣讲银钱的非是,并且把户部进呈御览的岁入、岁出的各项数字列表进陈,并说每年都是入不敷出,要他把这表置于坐隅,以便朝夕省览,可以量入为出,节省浮费。万历对此极为反感,但又无可奈何,他由此产生了他自己的见解,觉得他素常被教导的,所说天子当以四海为家、家国一致,等等,其实有些空幻,国库中的财物,说来仿佛都是他的,要用却又很费周折,只有转移到了自己的小私库里，用着才觉方便。他的这种想法，久而弥甚，而且越来越想打破这些阻碍，到了万历中期，他几乎常使自己与阁臣处于对立的形势，不拘阁臣想要他去做点什么，他都要讨价还价，多少总要捞入一点才肯罢休。

万历对张居正不满意的另外一点，便是张居正代拟的"罪己御札""罪己诏"等，文句都太尖刻了，抄着实在叫人脸红。特别是他与小太监们持刀走马、夜游别宫一事，文章说得更加刻薄尖酸，那时他年纪已有十八岁，什么都懂得了，要他对着抄发的那些，看着、想着，觉得这张居正简直是故意拿他这个九重天子出丑。他多次曾想不写，但又迫于太后之命，不敢抗拒。他只得写了，心里却很生气。

但是，虽有这些不满，万历对张居正的敬畏和倚赖却仍日益加重。最初，他是由于母亲的教导，不由不肃然起敬，后来渐渐懂事，自己也深深感到，那些烦劳的国事，非得倚赖张居正不可，那些小小的不满，如和对他的倚重比较起来，实在也太微不足道了。张居正可以说是，一直都被以极隆重的师礼来尊敬着的，万历不单当面、背面都以先生或张先生称之而不名，在有谕帖给张居正时，前面还总要加上宫衔，以示隆重。在张加有少师衔时，称呼常是"少师张先生"，或是"元辅张少师先生"，等到张居正已加上最高的太师尊衔，那称呼便也改成了"太师张先生"，或者是"太师张太岳先生"。张居正字叔大，号太岳，天子而称臣下以号，真可说是极少见的。有明一代，在生前得有太师衔的，只有三人，在张居正之前则有李善长，在其后则是顾秉谦。但李善长之加称太师，是以之为致仕前的抚慰，顾秉谦之晋为太师，与李善长全同，而且那完全出之于魏忠贤之手，与张居正都还有些不同。

张居正对万历所起到的最大影响，便是养成了他的疏懒的习性，万历最初是由过于看重张居正，以他为泰山之靠，诸事不敢过问，逐渐而形成的。张居正之后，另有别人来代替了他，万历一时无从着手，但事情却也照常都给办了，于是便又觉得事情当然就是如此，因而就更加心安理得地懒散下来了。

万历对张居正的倚赖之殷，从张居正的"夺情"和在他病重时的慌乱，表现得最为显然。

关于"夺情"，那是发生在万历五年（1577）的事。那年，张居正的父亲，在其原籍湖广江陵，因病去世。依照历代惯例，为人子者，于其父母之丧都要守孝三年，为官的人也要去官回乡，在家守孝，三年过后，才得复官。这回家守孝之举，便称为"丁忧"。张居正虽为首辅，也丝毫不得例外，因为封建时期，历代都是以"以孝治天下"为称，执政者更应当做人们的表率。但是，回家去守孝三年，作为孝子的张居正，首先便很忧虑。在他之前，正是内阁间彼此排挤、倾轧最激烈的一段时期，他自己便是以非常手段搞垮了高拱,才得位居首辅的。他的威势虽大大超过了以往的首辅,其他阁臣都被压得有如属吏,没一个敢说些什么的,然而人心难测,三年间很难保证不出什么岔子。为此,他极担心,不知如何是好。在内廷和他携手合作的冯保,对此也极忧心。他们二人,都不是什么廉洁奉公的人,由于大权在握,都曾多方牟利,并且安置了很多私人,一旦换上一个新的首辅,这些营私的方面,难保不会不被揭发,甚至被用来作为攻击他们的口实。还有,李太后和万历,尤其是万历,对张居正将要丁忧也极担心。对他们母子说来,张居正是主要的安全倚靠,一旦他去,别人如何顶得下来?他们四人,意念虽同,但却又都束手无策,因为这是有关立国、立身的大事,想要回避,实在很难。

那时外廷诸臣也在纷纷议论。很多守正之人,对张居正未能迅即奔丧,颇为不满,认为一个孝子,应该闻讯即行,刻不容缓,才是正理。也有人觉得张居正非比旁人,他身负国之重任,先把要务安排妥当,然后再行奔丧,却也很有道理。也还有人,觉得张居正此时一身实系国之安危。太后、皇上都怕他走,但又挽留乏术。如果有人能想出个回天妙法,可真算是立了不世之功,即此飞黄腾达,实在如持左券。通朝议论之间,果然有个人搜索枯肠,终竟让他想到了个可以留住张居正的妙法。此人非他,乃是户部侍郎李幼孜,他想到的方法则是倡导请由廷议,令张居正"夺情"。

所说"夺情",倒也是个古礼,那是用于出征将、帅等人的一种变通之制。因为出征将、帅如有父母之丧,倘仍循例回家守孝,影响军情必然很大,因而造成败溃也有可能;因此,遇到此种情况,国君便可命其移孝作忠,不必回家守孝,仍在前方戴孝从军。这种决定,便叫"夺情",夺情者,夺去其亲、子之情,移为别用也。

这"夺情"之说,于礼虽有所本,但它只适于用在出征的将、帅,即便身为将、帅,如果没有战争,也不适用,何况首辅是个文臣,又且并无征战,提出此说,实在离题很远。但是话虽如此,这总是个借口,所以此说一出,立即引起了很大的反响。李太后、万历,还有冯保,自然都极高兴,张居正也喜在心里。下面争着想要讨好他们的人当然很多,大家力表拥护,唯恐或后。然而坚持古礼的人却也不少,他们也大声疾呼,纷纷疏论,认为这是有关人伦的大事,必须加以痛斥。这些疏文中,以编修吴中行说得最为深刻、痛切。他从父子之情、君臣之义、祖宗法度、圣经贤训等等方面入手,切论"夺情"一举为害之大,认为绝不可行。他在最后还说,"事系万古纲常,四方观听,惟今日无过举,然后后世无遗议。销变之道,无逾此者"。吴中行是隆庆五年(1571)辛未科的进士,张居正是那一科的主考官,依例而言,吴中行便是张居正的门生,而张居正则是吴的"座师"。这种"师谊""门谊",自来便很为自科甲出身的人所重视,时至当时,由于拉帮结派已经渐有门户的雏形,这种"乡谊""年谊""师谊""门谊"等等,已是极被重视的结合条件了。然而吴中行却不重视他的这个有利条件,不但并不亲附张居正,还要予以奏论,这在那时看来确乎有些不合常情。不但如此,吴中行在疏本递出之后,还带了一份副本去见张居正,要他先行看过,张居正看过那份疏文,极为惊愕,便问:"疏本已经递上去了么?"吴中行道:"当然已经递上去了,如果没递,如何敢请师相来看。"张居正对那些上疏反对"夺情"的人原本就很恼怒,对吴中行则更加甚,因为这吴中行竟还是他的门生。他提到了那个身后名声更为狼藉的严嵩,他说:"当日疏论分宜的人有那么多。可是没有一个是他的门生,看来我连分宜都比不上了!"他称严嵩为分宜,是以严的乡郡为代称。人以地称,原是古已有之,降及明、清,尤为通行,如张居正常也被人称为"江陵",也是属于此类。那时疏论"夺情"的人原已很多,吴中行的疏文一出,更起到了推动的作用,一时风起云涌,已然形成一股巨波,其中措辞激烈锋利的,还有赵用贤、艾穆、沈思孝等人。

为了刹住这股反对的怒潮,张居正和冯保不断在暗中计议,最后二人商定,由冯保出面怂恿万历,把持论最烈的几个人逮入诏狱,并予廷杖,或者尚可刹住此风。万历原也深恨那些疏论"夺情"的人,对冯保提出的办法当然并无异议,于是即将吴中行、赵用贤、艾穆、沈思孝四人都逮入了诏狱,并命予以廷杖。但这四人的入狱,却反引起了更大的风波,不但有很多人纷纷上疏论救,翰林学士王锡爵甚至率领词臣数十人赶往张居正的居邸,当面要他免责诸人。张居正推说此事全由圣命,他也没有办法,心下却更火起,不但把吴中行、赵用贤等四人都予以杖责,并且把论救最为激烈的邹元标也列入了应予廷杖之数中。这五人虽都受到了很重的杖刑,却因此反而声名大振,当时被人赐以"五直臣"的嘉名。

"夺情"之说在巨大的威压之下,总算是顺利地通过了,张居正只匆忙地赶回家乡,安葬了他的父亲,便又匆匆赶回京中重理阁务。在他离京之时,阁中事务,除细事由在阁诸人商办而外,万历命将一应要务都星夜送往江陵,还是都要张先生加以决定。万历对张居正的倚信,于此更可想见。

在张居正卧病期间,万历生怕失去他这个擎天之柱,表现得更加显然。他不仅不断派出中使颁敕问病,还频频颁发巨额资金作为医药费用。关于朝中诸务,万历也还是如以前张居正回乡葬父时那样,命次辅张四维等只在阁中办些细务,凡有大事则要送往张居正的家里,还是由他斟酌处理,即在他已卧床不起之时,也还是要把那些重务送到他的榻边。那时京中大小百官，眼见皇帝如此敬重首辅，一则为了上体君心，二则想要见好于辅臣，便也不断请安问候，并且还各自出资聘请僧、道，建起醮坛为张居正祈寿祈福。人臣而至如此，在封建社会，已觉有些太过，万历虽然并未也予祈福，但也暗予默许，没有表示什么。后来此事传到外间，各地外官，如南京、湖广、河南、山西等地方也都纷纷设坛建醮，为这位以一身而系天下安危的人祈福、消灾，闹得举国上下，纷纷扬扬，乱成一片。

张居正死后，最初也是备极哀荣，万历对他的这位重臣表现得也极尽礼、尽哀，赠以上柱国的荣衔，并谥为文忠公，还为之辍朝志哀（即停止坐朝，以志哀思），又命赐祭九坛，仪式按身为国公而兼帝师的人那样，依式举行。诸礼已毕，并命四品京卿、锦衣卫堂官、司礼监太监等人一体护送，运柩回乡，入土安葬。身后的恩礼如此之隆，在有明一代的所有臣僚中，也是极罕见的。但这份好景为时极暂，仅到次年，便已形势大变，张居正那时便被削去所有官阶，后来又被抄了家，最后竟被称为逆臣，几乎闹到了险被剖棺戮尸的地步。

所以很快就有这样的剧变，那是由于张居正人虽能干，并在政务方面确也很有建树，但他过于威福自恣，却也招来不少的怨恨。特别由于他并不是个廉洁自好的人，招权纳贿，甚至吞没被籍没（抄家）的藩王资产。这些弱点，张居正人在势在，自然很少有人提到，人亡势去，可就很难禁制人们揭开这些了。张居正和冯保，一直都是相互应和，各自为利的，争权夺利，两人都很认真，因此倒也时有冲突，但他们也都明白，他们二人，一内一外，实是合则两利，分则两伤，所以冲突之际，彼此都肯克制，虽然两方属下不时还在挑拨，但他们冲突之后总能和好。他们的这一手，确是很有远见，果然张居正一死，冯保便立见孤掌难鸣，不久之后便即同遭祸患。

　　冯保倒也早就看出了这种危机，他在看清张居正的病势将不起之时，便已做了安排，他硬逼着张居正，要张把在内书堂教过他、和他有师谊的潘晟推荐入阁，以便彼此又能内外呼应，立定脚跟。那时张居正已经命在垂危，昏昏沉沉，也就答应了他，推荐潘晟入阁。不由廷推，而由首辅推引入阁，原是不合正规的，但在以前却也并非仅见，而对张居正来说则更是件常事。但话虽如此，却是多少也要有些布置，还要倚仗他自己主持廷推的威力才得纵横自如。这次张居正的病危已是尽人皆知，他还想以一纸疏文便将潘晟推为阁臣，如何得成呢？况且潘晟与冯保的关系人们都很清楚，推他入阁是想干些什么，人人更都心里明白，所以一闻此事，很多言官便纷纷疏论，都说潘晟这人实不可用。自从阁臣们争着拉拢言官成为自己争权夺势的助力以来，言官的势力便已日益壮大，积至当时，已有些可以左右朝权：资历不够的人，群起一捧，便能捧上台去；为他反对的人，群起而攻，上了台的也要垮掉。潘晟是个老官僚，他很明白这些，所以虽然已经奉诏入京，但在道上便已上疏力辞这份入阁之命。他这样做，一是顺应那时的惯例，一经疏论，便得恳辞，以示推让；二则，那份辞疏也是一种试探，前途如何，从疏文递上去后的反应便可供为揣摩。他递出疏文以后，一路缓行，等候信息。那时阁中的首辅是张四维，次辅是申时行。张四维在张居正的室压之下，一直默默无闻，如今才将出头，很想做出点顺乎人心的事，让人们看看。潘晟的来头他很清楚，一旦入阁，他与冯保一唱一和，必会把他和申时行都压下去；但是，如果顺水推舟，拟旨准其辞退，不但可无后患，而且还会大得人心，何乐而不为呢？寻思已定，票拟时就这么做了，万历也即报"可"，于是潘晟入阁一事，也就和他的入京一样，半途而止了。

潘晟的入阁告吹，冯保正在病中，愈后得知此事，不由怒道："我才害点小病，眼睛里就没有我了么？"他所怒骂的，正是张四维等人。他与阁臣又不断发生纠纷，却不料真正的祸事已在内廷酝酿，很快就要爆发了。这事的导火线是前些年因得罪冯保而被赶出宫去的张诚已经又回到万历的身边。这张诚原就很受万历的宠信，冯保便是出于畏忌才一心要赶走他的。张诚离宫之时，万历很是难舍，又恨造成事端的冯保和张居正，所以在张诚拜辞之时，便暗自交给张诚一项任务，要他在暗中探明冯保和张居正之间有何种勾结，得便秘密奏知。张诚也自深恨冯、张二人，对于这项任务如何肯不尽心，几年之中，他将冯、张二人种种勾结情况以至所有各项罪行，全都探知得清清楚楚，但却无由回京，不得入宫详奏。张居正死后，外间的阻力已无，张诚这才又得入宫，把他所探知的一切都一一陈奏，并且建议万历可以把冯保发往南京安置，免得再在宫中为患。那时万历虽已年满二十，张居正死后并已开始自理朝政，但是慑于冯保的余威，始终有些畏畏缩缩，不敢即行决定。张诚和另一名内监张鲸都是极恨冯保，并且深知万历很为贪财，于是不断在万历的耳边叨念冯保如何富有，甚至竟说冯保的家财早已富过皇宫，只要把他赶出京去，立刻便可抄他的家，把他的家财全部据为己有。万历的贪欲被他们大大煽起，已很跃跃欲试，但他还是很怕。一次，他向张鲸、张诚说出了他的惧怯之处，他说："想着倒好，可是大伴如果冲上殿来，朕可怎么办呀！"张鲸、张诚同声说："已经有旨处分了他，他如何还敢来呢！"他们说的确是实话，这里又是明代诸帝陆续立下的一些保卫帝室的条款起到了它的作用。

　　抄了冯保的家，财物果然不少，但与想象中的数目却又差得很远，万历不免有些失望。为了满足万历的贪欲，张鲸等人开始引诱着他再向张居正下手。他们替张居正大加吹嘘，说他比冯保可又阔多了。万历已经被冯保这块肥肉引得胃口大开，这次毫不犹豫便同意了，而且为了防止走漏，声势步骤也比抄冯保的家时要紧密得多。这次万历特别派了已在司礼监供职的张诚和右通政丘橓二人作为指挥，由他们率领锦衣卫指挥和几个给事中，一同办理查抄事宜。张诚等人还没赶到江陵，地方官便已先到张府点验了人口，把他们都关锁在一些空房间里，封了门，不许随便出入。等张诚到时，开门查看，那些被锁的人，由于缺乏食物，饿死的已达十数人之多了。这次共抄得黄金一万余两，白银十几万两，数目虽已不少，依然比预计的要少得多。张诚感到无法交差，便把张居正的长子、礼部主事张敬修抓来拷问，要他说出把财物已经转寄到哪里去了。张敬修支不住拷问，只得信口乱说，诬称还有三十多万两银子，都分藏在曾省吾、王篆和傅作舟等人的家里。于是曾、王、傅等人便也跟着倒了大霉，他们的家也都被抄了。张敬修诬服只不过为了逃刑，他自知抄不出来还得找他，便偷个空子自己上吊死了。

连连抄家，使万历的贪欲益炽，他觉得抄家这个办法实在太好，比向国库伸手还要方便，从此便把这一着看成法宝，凡是有人获罪，不拘内侍、外官，论罪之后，便要继以抄家。有些狡猾的内侍，看出了这个苗头，奉命外出，更加放胆胡为,一旦为人论奏,势将难免,便不等到论罪抄家,先自便把部分赃银献给这位贪馋的皇帝,结果不但罪行可予免究,还可照样干他的富有油水的美差。历代皇帝极为贪婪的倒也不少,但公然受贿如万历的却又很难找到。

在张居正之后对万历起到很多影响的,是万历六年(1578)入阁,十一年晋居首辅的申时行。申时行是嘉靖四十一年(1562)的状元,为人极其聪明便给,很为张居正所看重。张居正将于万历六年三月回家葬父,阁中颇感缺人。他觉得申时行这人很会办事,又极柔顺听话,不但是个很好的帮手,如果在他之后得任首辅,对他自己也必会有好处,因而便在临行之前把申时行从吏部右侍郎升为左侍郎,兼东阁大学士入预机务,使他成为阁臣。张居正死后,继之为首辅的是张四维,但到次年张四维又丁忧回籍,申时行真如张居正所盘算的那样,在他之后,很快便位居首辅了。不过张居正想在身后受到申时行的保护却又算差了。申时行这个人太聪明,太乖巧,出头干些费力又不讨好的事,他可绝不肯来。他的聪明、能干,万历也很欣赏,他出的主意,常使万历出乎意料地称心,因此万历倒很乐意向他请教,听他的话。

申时行对万历的最大影响,是教会了他很多偷懒的办法。最先,申时行便教会了万历把奏疏"留中"。"留中"这个办法,由来倒已很久,但都不过是偶一用之,所以万历为帝虽说已逾十年,却还没有晓得,他常给那些谏疏、论疏扰得头疼,却又没有办法躲过。他常向申时行抱怨,申时行便趁机教他:"这些其实看看也就行了,不必出示外廷,反而引起争论,更添麻烦。把这些'留中',还有很多好处,最要紧的是上疏人一心想着他的疏文,不会再生出别的事端。"万历并不好学,但于这事却心领神会学得很好,很多奏疏,最初倒是还肯看看,后来则是只看几行,便丢开算了,再后则是有些人的奏疏他竟看也不看,便"留中"了。万历得以公开逃课,也是申时行给他想出了个妙招。原来历代帝王虽已身登帝位,也得定期学习,到时便得出御经筵,听经筵讲官讲读经籍。万历自来很不好学,大婚以前由李太后逼着,张居正管着,还是常要设法逃课。大婚以后,李太后搬出了乾清宫,迁回她向来居住的慈宁宫去了,在迁出前,她虽再次郑重抬出先皇的顾托之重,把教管万历的工作托付给张居正,但张忙于政务,哪里能如李太后的督管之严,万历在读书上就更松了。张居正死后,越见稀松,每逢讲期,常常要托故传免。不过这种推托搪塞,长久了也很为难,光是想些传免的理由就越来越难。申时行又给万历解决了这份困难。他做得倒像关心皇帝的讲习,请求即或免讲,讲官仍应把讲章进上,请皇帝自读。由此,递进讲章倒成了讲官的正务,皇帝出御经筵就此声息俱无了。言官论事的奏疏一向便使万历最为头疼，后来发生了立储（即立太子）问题，奏疏更是有如雪片一样，不断飞来，更使万历大为冒火。在这一点上申时行也使万历轻松了不少。巧妙的是，申时行是从侧面着手，他请万历敕谕御史、给事中等言官，要他们各理本职，不得越科言事，以期各本所职。这从表面看来倒像是在改进工作，骨子里却是取消了言官们可以放言内外诸事的权力。譬如十三道监察御史，职分所在虽仅止于一道，其实道外诸事以前他都可以论奏，如今可只限于一道了。又如给事中们一向虽分为吏、礼、户、兵、刑、工六科，但从无只论本科之事的，也是举国上下，宫廷内外，所有各事都得论列。有了这个敕旨，他们便得各守本职，吏科的不能言礼、言财，兵科的不能言工、言刑，除了本职以外，什么都不能顾了。当然敕谕初下不免引起不少抗争，有些骨鲠之士还是一直不肯遵从，但毕竟敢于抗旨不遵的只有很少数，大多的人都给限制住了，每日的奏疏数量明显地减少了很多。凡此种种，都使万历格外高兴，十分倚信申时行，但外间对他的评价却反而越来越低，甚至有人说他是以"媚行取悦"，或者说他惯于"逢君之恶"。但是申时行以其聪明巧辩也还很有些事竟能救祸于未发，深为人所赞许。万历十七年（1589），申时行巧妙地使大理寺评事雒于仁得免杀身之祸，最为受人称赏。这个雒于仁，颇为尚气敢为,他虽非言官,但因见万历好酒贪杯,贪财好色,颇以为忧,便曾上疏吁谏,还在疏后附有酒、色、财、气四箴[1],用词极为尖刻,颇具讽刺意味。万历是好气的,看了很是愤怒,但以时值岁暮,一时忙于别的事情,只好暂把此事丢开。待到元旦召见阁臣,万历便将雒于仁的疏本取出,交给申时行看,一面极力为自己申辩,一面表示必须把雒于仁置于重典方能消恨。申时行觉得如果因此便把雒于仁判为死罪,必会大招物议,他又已看出万历此时确是色厉内荏,既想重办,又怕张扬,于是便说:"办虽该办,不过并不妥善。因为那样便要把疏本宣付外廷,议明处罪。雒于仁说的都是无稽之谈,万岁实在并不如此。但宫禁深密,外间岂能尽知。此疏传出,如或引起外间猜疑,反而不好。不如暂行搁下,容臣在私下里予以斥责,命其辞官回家,一尘不惊,岂不更好?"这番话很对习于因循苟安的万历的胃口,果然一拍即合,雒于仁不仅逃脱了性命,而且还能太太平平地辞去官职,回乡家居。还有巧为张居正解脱了剖棺戮尸之祸,也是申时行极其为人称道的事情之一。张居正把申时行引入阁中,原本是想申时行如为首辅,对于他家应该多予维护。这一点,他是把算盘打错了,申时行这个机灵人,白费力的事他是不干的。张居正的家

---

[1] 箴和铭相似,都是用来规谏或自警的一种短诗,大致且以四言为多。

被抄后，万历的余怒仍在日甚一日，凡有略似为张居正说话的人，无不立即获罪；反之，毁谤他的，追论其罪的人，无不受到褒奖。行之日久，用尽心机以攻击张居正作为自己进身之阶的人，真如风起云涌一样，越来越多，用心也更险毒。后来御史丁此吕竟至疏劾侍郎高启愚，说高在会试时竟以"舜亦以命禹"为题，暗以大禹影射张居正，含有"劝进"（即是劝张居正自立为帝）之意。此论一出，风波更险，攻讦张居正的人更多，竟有人疏请应将张居正以大逆论处，虽已死了，也应剖棺戮尸。万历对此是满意的，但还是把那些疏文拿给申时行看，想听听他的意见。申时行很不赞成这种一朝势去纷纷"下井投石"的做法，但他知道，如果为张居正辩解，结果会适得其反，于是便单就丁此吕一疏着手，说："此吕以暧昧陷人大辟，恐谗言接踵至，非清明之朝所宜有。"他的话不多，却以"暧昧"二字推开了疏中的要点，下面著一"陷"字，微示其意，却也是定下了格调。万历是够昏庸的，却又极怕世人以此目之，申时行以清明之世为称，正投合了万历的隐衷，使之心甘情愿地不再追论。在内，申时行总算稍稍扭转了一点陷人的歪风；在外，人们也都为他轻易地就救下了张居正和高启愚，很为钦佩。申时行的聪明便都是在此等去处格外显得奇妙。

　　申时行给予万历的印象可以说一直都是极好的，但外间的舆论却又不同。最初，申时行几乎是紧接着张居正之后便成了首辅，他一反张居正的严峻刻细，务以宽大和平待人，因而赢得了很好的声誉。但是这些都是他的聪明的做工，实在他却是很忮（zhì）刻的，得罪了他的人，没有一个能逃开他的打击和惩罚。他不像张居正那样，有所不快，迅即爆发，灾祸立即飞降；申时行有所不满却总是不露声色，按下再说，以后抓个别的事端才来动手打击。他还有更迷人的一手，便是命人将你打到晕头转向之后，有时还会自己出来，稍行抚慰，甚至给点颇为意外的好处，因此人心悦服，常被称为长者。但是戏法变得太多，总不免要有些露相，人们也越来越感到，他这个人其实是个更为可怕的"笑面虎"，竟说他是"专横过于张居正"！

申时行对于自己的进退做得也很聪明，到了万历十八年（1590），他声名日盛，外廷对他的攻击已是越来越多，又已看出万历对于政事已很厌倦，觉得长久恋栈下去，结果并不会好，便开始疏请致仕。万历对他的倚信还隆，多次慰留，不肯放他，但申时行一直力请，终于在次年九月，万历应允了他，放他回到长洲家里安居去了。那时申时行年才五十七岁，比起他的很多前辈们来，可以算是深得急流勇退之道的人。他在家里安居了二十多年，直到万历四十二年（1614），年已八十，才始去世。万历一直很眷念他，常派行人到他家里存问。最后一次正巧是他去世之时，诏书到门，申时行已不在了。

申时行是于万历颇有影响的最后一人，他离京后，继为阁臣的，终万历之世还有十五六人，但因万历已经学会了很多偷懒的法门，倦于理事，后来竟躲入深宫，长久不肯视朝，阁臣们连见到他都难，更不必说想要对他有些影响了。

万历虽然久居深宫，不理朝政，但弄钱的心思却从来也没停过，遇有机会便向国库伸手，这已是他的常技，诸臣但凡获罪，必以抄家继之，则是他的外快。此外，他还不断想出很多怪招，随处都想捞点油水。碰到廷臣有所请求，不拘是要兴办某事，或是禁绝哪些弊端，后来竟都成他讨价勒索的大好机会。你要我批准某事吗？行呀，我可正在缺钱，想办点事，还差若干若干银子，你给我想法办来，我就一定照批！这种商人式的，讨价、要价的口吻，后来竟成了他的日常习惯，不拘什么事，开口就是要钱，有钱万事都行，没钱你就免开尊口！光是福王之国一事，他就一直拖着，不知讹索了多少钱财、土地，最后才算应承了让福王之国。这福王是他最钟爱的一个儿子，"之国"便是放他到被封定的藩地上去。由于福王是个与太子争立的人，廷臣希望快些让他之国，免得多起争端，万历抓住了这一点，便借机大敲竹杠。万历所以如此贪财，很多史家都说那是出于他的生母李太后的身教。原来这李太后出身于小商之家，贪财好利，是其习性，不觉便也影响到了万历。在为万历的弟弟潞王办理婚事时，他们母子所谈的一些话，倒很可证明此说。那是由于太后问起潞王婚事要用的珠宝等物何以长久还没办妥而引起的。万历向太后解释道："这都由于臣僚们无耻，把珠宝都搜罗了去，献给张、冯两家，所以货缺又价高。"太后又追问道："他们的家都抄了，还没都得到吗？"万历恨恨地说："他们狡猾得很，不知都分藏到谁家去了，哪里能都抄到！"这些话，《明史》和一些野史、笔记之类都有大同小异的记载，这也活画出万历母子孜孜为利的神气。

万历所想的一些生财之道中，为害最大的便是当时称为"矿税"的一事。开矿取利，原本是好事，但做法不良，目的又仅在牟利，不管有矿无矿，只要有人报称哪里有矿，便就派出大批内监前往坐索，多方搜刮，这便成为害民之举了。万历早在万历十二年（1584）时便已有意于此，但因勘察有误、廷臣驳议等等原因，一直没能搞成。到万历二十四年（1596），乾清、坤宁两宫都遭到火灾，次年，皇极、建极、中极三殿又被焚毁，万历急欲修建，而财力却又不足，这才决意由此入手，捞上一把。他先后派出内监多批，几乎遍布国中各地，虽统名为矿税，其实远不限于矿业，大概通都大邑则立税监，两淮则有盐监，广东则有珠监……总之凡有名目，无不设监取税，大小内监布满各地，敲骨吸髓，扰得民不聊生。其中尤以陈增、陈奉、高淮三人为恶最多，不断激起民变。陈奉在襄阳时，冒称"千岁"，作恶多端，人民围了他的税署，把在署中的耿文登等一十六人全部投入了江中。陈奉见势不妙，先行逃入楚王府中，才逃脱了性命。

矿税如此为害，诸臣都曾多次论及，甚至内监也有很多人谈到它的危害之大。但万历一心要钱，什么都不理会。然而这事的病民之甚，他其实也很清楚。这从万历三十年（1602）他自觉病危要立遗诏废除矿税一事，可以看出。这事，《明史》的记载如下：

> 帝忽有疾，急召诸大臣至仁德门，俄独命（沈）一贯入启祥宫西暖阁。皇后、贵妃以疾不能侍侧，皇太后南面立稍北，帝稍东，冠服席地坐，亦南面，太子、诸王跪于前。一贯叩头起居讫，帝曰："先生前，朕病日笃矣，享国已久，何憾。佳儿佳妇付与先生，惟辅之为贤君。矿税事，朕因殿工未竣，权宜采取，今可与江南织造、江西陶器俱止勿行，所遣内监皆令还京。法司释久系罪囚，建言得罪诸臣咸复其官，给事中、御史即如所请补用。朕见先生止此矣。"言已就卧，一贯哭，太后、太子、诸王皆哭。一贯复奏："今尚书求去者三，请定去留。"帝留户部陈蕖，兵部

> 田乐，而以祖陵冲决，削工部杨一魁籍。一贯复叩首，出，拟旨以进。是夕，阁臣九卿俱直宿朝房。漏三鼓，中使捧谕至，具如帝语一贯者，诸大臣咸喜。

这份遗诏办得真是又快又好，可谓大快人心。然而变得却也很快，相隔只几小时，天才刚亮，就又有中使到来，说是奉命取回遗诏。原来万历的病变化真怪，前是感到必死，所以力意悔过，想在死后捞个好一点的名声。但到天光近晓，病又忽然好了。既然已无性命之忧，废除矿税便太肉疼了，于是接连打发中使前往内阁索取遗诏，说是矿税万不可停，别的你们看着办吧。史称那时"中使来者二十辈"，真可说是不绝如流，急如星火。沈一贯本想不给，但禁不得"中使辄搏颡流血"，便也只得给了他们了。据说，万历最初想要收回成命时，司礼太监田义曾据理力争，加以阻拦，恼得万历竟想用刀砍他。这事过后，田义一见到沈一贯，便啐着埋怨他道："相公稍持之，矿税撤矣，何怯也！"

万历为了取回遗诏，甚至不惜动刀，其贪可以想见。然而他的胆怯却也明白显出。若真顶回他去，他倒不见得会如他的祖父嘉靖那样，有不顾一切，硬来到底的勇气。由于沈一贯没能顶住，矿税之害便终万历一朝都没能废去，一直为害到万历身后。

# 立储上的犹豫不决
## ——三案起因

明末三案之所由发生，追本溯源，实由于明神宗万历帝在立储问题上犹豫不决，因而引起宫廷内外发生了很多问题，以致造成三案，扰乱纠结，时达三朝之久。

万历的大婚，是于万历六年（1578），他年及十六岁时来举行的。他的皇后姓王，原籍是浙江余姚，但人却生长在北京。这位皇后知书习礼，淑静端庄，很得万历的生母李太后的喜爱，但万历和她却并不相投，对她一直很是冷淡，加之她又从来没有生育过儿女，所以虽说是正位中宫，其实却很被漠视，她之所以未被废弃，实在全靠着李太后的庇护。与皇后同日册封的，还有个刘昭妃，这个人也并不为万历所喜，而且与皇后一样，她也没有生育过子女。最先给万历生下他的皇长子来的，是宫女出身的王恭妃。这个王恭妃，原是在慈宁宫服侍李太后的一个宫女，在万历到慈宁宫向他的生母请安时，无意间得幸，并且怀上了孩子。万历在和王恭妃发生了关系之后，早已忘记了这事，但李太后却在暗中极为注意，在这个还没有任何名号的宫

## 立储上的犹豫不决

女已经显出身怀有孕时,便把万历叫来,要他承认这事,并给这怀有子息的宫女以相当的名号。万历最初矢口否认和这个宫女有过什么瓜葛,最后太后命人从敬事房取了起居注来,把上面的记载指给他看时,万历才无言答对,承认了他和这个宫女确曾有过关系。原来宫廷之中对于皇帝曾临幸过某人某人,是否赐过什么信物等等都是极注意的,但凡有过此类事件,无论对方系属何人,自皇后、妃嫔以至宫女,都要把时间地点等等详细记载入起居注中,以备日后被幸者有身之时,可以查对。万历在慈宁宫里和这个宫女发生了关系,在他虽然觉得是极其偶然的事,以为不会有人知道,但实际却已全被记入起居注中,使他想赖也赖不掉。李太后从万历矢口否认这一点上,已经有点感到万历对这个已经怀有他的孩子的宫女并不怎么重视,因此特意开导他道:"她怀上了孩子,这是天大的好事,我早就盼着能有个孙子了。她如果真能生下个皇子,也就有了皇位的继承人。你不要以为她是个宫女,不够体面,其实'母以子贵',你可以加封她呀。"万历被李太后说着,只好一切照办,先把那个宫女封为才人,后来真生下了皇长子,于是又得晋位,由才人又封为恭妃。

以封建礼法而言,皇位的继承人,首先应是嫡子。所谓嫡子,便是由皇后所生的皇子。如果皇后无出,没能生下孩子,则又有"无嫡立长"这么一项规定。万历的这个皇长子，恰好处于皇后无出的情况之下，所以他的出生，自太后以至诸臣，便已都认定了他应是法定的皇位继承人，对之极为看重。

在皇长子朱常洛出生后的最初几年里，他的地位是极稳定的，虽然不久又有个皇次子，也于他并无影响。这个皇次子只活了一岁的样子就夭亡了，对他自然更说不上会有什么威胁。但是，他的这个稳固的地位，到了万历十四年（1586），皇三子朱常洵出生后，却发生了动摇。

这个皇三子朱常洵的生母，是最受万历宠爱的郑贵妃，由于"爱屋及乌"，万历对这个皇三子也极为看重，不但为他大办喜筵，远远超过了为皇长子或皇次子所办的，并且还要把郑贵妃晋封为皇贵妃。原来这个郑贵妃在万历所有的妃嫔中长得最好，又最能迎合他的心意，所以入宫之后便后来居上，被封为贵妃，位分在已生有皇长子的王恭妃之上。这种情况，从王恭妃方面来说，倒也没有什么不平之处，她出身低微，久受抑压，即便更为屈辱，也不敢有什么表示。但习于正统礼法的众多朝臣，对此却极为不然，他们认为，社会之能井然有序，全靠着历代相传的礼法加以维持，皇室居位最高，为天下人所仰视，对于各种礼法尤应特别遵奉。按照礼法，母以子贵，生有皇长子的王恭妃，地位仅能略次于皇后，其他妃嫔，没有一个可以位居其上的。郑贵妃入宫见宠，并非盛世应有之事，实应尽快

## 立储上的犹豫不决

纠正,最少也应将王恭妃也晋位为贵妃,才算合乎礼法。他们不仅私下议论,凡属可以言事的,还纷纷上疏,论及此事,很使万历感到烦恼。但那时他已经学会了不闻不问听其阴消的一着,所以对于这些疏本虽很气恼,却都一概"留中",不予理会,渐渐倒也平静下来,很少有人再提到这些使人不快的事了。

然而,在郑贵妃生下了三皇子朱常洵,郑贵妃又晋封为皇贵妃后,上疏论争的人便又哄然而来。这一是由于郑贵妃又晋封为皇贵妃,在位分上便已高出于王恭妃两级,真是只比皇后仅低一级了。另外则是忽然有一传说,说是万历与郑贵妃之间曾有金盒密约,已经应许了她,把她所生的皇三子立为太子,赐给她的那个金盒,便是密约的信物。这个传说,一时甚嚣尘上,因此朝臣们纷纷猜测,大都认为特别又把郑贵妃晋封为皇贵妃,便是废长立爱的先声。因为"母以子贵",也可以是"子以母贵",皇后所生的儿子称为"嫡子",是当然该被立为太子的,皇贵妃与皇后相去已然很微,比王恭妃已经高出了许多,她的儿子,"子以母贵",将来被立为太子也就有了根据。这种猜测,很快便在朝臣之间形成了这样一种意念,便是万历之要晋封郑贵妃为皇贵妃,实际上是为立皇三子为太子的一步试探,非给予迎头顶住不可。

首先为此事上疏切论的是户科给事中姜应麟。他在疏中，首先还是从郑贵妃的晋封不当说起，他说："……礼贵别嫌，事当慎始，贵妃所生陛下第三子犹亚位中宫，恭妃诞育元嗣，翻令居下：揆之伦理则不顺，质之人心则不安，传之天下万世则不正，非所以重储贰，定众志也。伏请俯察舆情，收还成命。其或情不容已，请先封恭妃为皇贵妃，而后及于郑妃，则礼既不违，情亦不废。然臣所议者末，未及其本也。陛下诚欲正名定分，别嫌明微，莫若俯从阁臣之请，册立元嗣为东宫，以定天下之本，则臣民之望慰，宗社之庆长矣。"此疏一上，引起了很大的震动，长达十多年的建储之争，也就由姜应麟拉开了战幕。

这长期的建储之争，把明末的统治阶级分成了三派。其中人数最多、声势最大的，是那些习于传统的礼治，站在为皇长子争取合法利益的群臣。这些人也可以称为正统派。另一派是与第一派相反的，他们有的是郑贵妃一家的亲友，有的是钻头觅缝，一心想以向皇帝讨好求取好处的一些投机分子。他们的人数不多，而且由于做贼心虚，很少敢于公开出面表示什么，但是由于他们这一边里有个现任的皇上，所以搞些阴谋花样却很出色。第三派的人数极少，但影响却大，他们大多是握有实权的重臣，如曾为首辅将近十年的申时行，便是其中最显著的一个。这一类人，他们为了合乎舆情，表面上常常显得与第一类人没有什么两样，但在关键时刻却又摇摆不定，有时倒向这边，有时却又站在那边。

姜应麟出手的这第一仗，从表面上看，他是给打败了，因为万历看过了疏文后，立即大怒，很发了一阵脾气之后，立即亲自降旨道："贵妃敬奉勤劳，特加殊封。立储自有长幼，姜应麟疑君卖直，可降极边杂职。"这道御旨一出，姜应麟便被贬往大同境内，成了个位置极其微末的典史了，得到的惩罚实属不轻。然而按诸实际，姜应麟虽然被贬降到了外方，他其实倒是赢得了这一回合；万历以贬斥惩罚了姜应麟，这头一回合，他倒是全输掉了。因为姜应麟在他的疏文里虽然首先便为王恭妃打抱不平，实则这不过是个陪衬，而其主要之点，则是意在确定皇长子得以册立为东宫这一点上。万历没能分清他那疏文里的主次之点，着重在为郑贵妃晋封号以解释，却反说出"立储自有长幼"的话，责怪姜应麟疑君卖直，实际上却是已在立储一点上，做出了肯定的回答。所以他的这道旨意一下，不但守正的朝臣人人高兴，就是被贬了官的姜应麟也非常满意，以为以他的一个微官，竟换得了"立储自有长幼"这么一句明确的话，实在是太值得了！万历初时还没有感到有此一失，等到守正诸臣的疏本接连而来，都着重地提到他的"立储自有长幼"的话，并且要求迅即付诸实现时，他才感到自己真是大为失策，实在太被动了。为此他更恨透了那个使他有此一失的姜应麟，直至多年以后，吏部推举建言诸臣时，每一提到姜应麟，便都会受到重谴。姜应麟被废竟达二十余年。

姜应麟的疏文，很快便掀起了一阵请立皇长子为东宫太子的狂潮，言官们纷纷上言，所论的都是此事，而且在疏文中还都提到了万历所说的"立储自有长幼"，要求他尽速予以实现。万历对此，先是极力镇压，最先上疏的沈璟、孙如法等人，都被严旨切责，并都以此获罪。万历原想，似此严加罪责，总可刹住这股浪潮。但实际却并不然，尽管一再严加罪责，论疏仍如雪片飞来，接连不断。那时朝中竟自形成了一种风气，便是以是否主张立储，作为忠奸正邪的辨别，以至阁臣、九卿等人，为了表明自己也是顺乎舆情的，不免也要上疏论及此事。不谈立储一事的，只有那些与郑贵妃一家交好的，以及随时都以逢迎为事的那一些人。但这类人为数极少，并且又都只敢在暗中活动，竟没有一个敢站出来和那些持正的朝臣来对抗。对付那些讨厌的疏本，竟然只得由万历本人首当其冲。

万历给这些讨厌的本章实在弄得很苦。本来他还有个不予阅看便即"留中"的办法，可以取得安闲的。但是对于这类本章他又不便应用。因为这事关系着郑贵妃和她的家人，他很担心他们会因此受到攻击，所以又不能不看。万般无奈，他只好又使出他所惯用的，拖的办法来对付。因此他遂推说，皇长子年纪还小，此时便谈立储，实非所

## 立储上的犹豫不决

宜,总得等上几年再谈此事才见合宜。他原以为,皇长子确实年纪还小,而且要拖的时限也不算多,这一来,总可以让他有个喘息的时间,然后再行设法了。但是这个拖的办法,竟也无效,请求立储的疏本仍然不断飞来。有些疏本,竟然还敢驳论他的说法,说是立储一事,关系国本,应该越早越好,而且按诸实际,皇长子的年龄也已不能算小了。有的疏本,甚至就以他本人为例,来驳倒他。他们说,他本人便是在六岁上被立为皇太子的,如今皇长子已然年逾六岁,如何反说是太早呢。这些话,都使万历无言以对,但他仍自忍着,尽拖下去。这样拖了两三年,要求他履行诺言,见信于天下的疏本也是一直不断,总来扰乱着他。最后万历只好自己定出限期,让首辅申时行传谕诸臣,说是立储一事应到万历二十年才能议行,要诸臣安心等着,不要再来啰唆。但因他屡次失信于人,这次自定限期竟也无济于事,而且他最担心的事,也终于发生了。那时在诸臣的论疏中不但已多次提到了郑贵妃,而且也已有人疏劾郑贵妃的父亲郑承宪和她的哥哥郑国泰,说他们是"怀祸藏奸,窥觊储贰"。万历至此,觉得软拖已经不行,只好另来一手,硬行耍赖了。于是他又把首辅申时行找来,要他出去传谕他的诏书,说是"朕不喜激聒,近诸臣章奏概行留中,恶其离间朕父子。若明岁廷臣不复渎扰,当以后年册立,否则俟皇长子十五岁举行"。诏中所谓的"后年",便是万历二十年(1592),那年皇长子年及十一岁,若等长到十五岁,则当在万历二十四年(1596)了。申时行因怕真会又拖,便告诫诸臣别再激扰,以免又生枝节。但因万历多次失信,廷臣都不放心,又怕他会忘了或是装作忘了,所以将到预定的年限时,工部主事张有德放心不下,便上疏请求把册立太子的仪注先行订出,以此作为试探。没有这样的一探,万历也许会真个装作忘了,加以拖延;但有此一探,却又使他有了借口,立即大怒,说是他已有话在先,如若渎扰,便要延期,现在又来渎扰了,只有延期一年,以昭大信。如再渎扰,还要再延。

在这展延册立的期间,对立的两方斗争得更见激烈。双方斗争的焦点,都集中在皇长子的身份这一点上。持正诸臣,总要千方百计,在各方面都要使得皇长子的地位显得突出,以见他之应被立为太子乃是当然之事。他们在疏奏中总要把皇长子与其他皇子截然分开,他们称皇长子为元子,或者竟直称为"元嗣",而对其他皇子,则以众子称之。在这期间,皇长子已然年逾十岁,诸臣为此便纷纷疏请预教,以便因此显出皇长子的身份特殊。原来皇子如果已被立为太子,便要别居一宫,称为东宫,并且还要为他配备一套东宫官属,教他读书,还随时要把诸般如何为君之道为之讲授。皇长子虽说并未被立为太子,但持正诸臣为了要在各样事情上显出他的与众不同,所以便有预教之

## 立储上的犹豫不决

请,希望能把预教的仪式办得有如太子"出阁"一样,造成他即是将来的太子的声势。太子别居一宫,并配上东宫官属,便称为"出阁",诸臣便是想把预教办成犹如"出阁"那样地有声势。

皇子应予教育,这个帽子很大,反对皇长子的诸人无法加以阻止,于是挖空心思,想出了一个"待嫡"之说,要万历加以宣谕。他们这样强调立嫡之说,实是专门用来对抗那夸重皇长子的一些人的。因为抬出了嫡子,则所有的皇子便都成为一样,都并不是嫡子,也都没有什么当立的特权。但是这个"待嫡"之说,很快就为众议驳倒,因为立嗣虽应以嫡子居先,却无必授嫡子之说,而是"有嫡立嫡,无嫡立长",皇长子之所以不同于诸子,正由他是合于"无嫡立长"这一条的。这时私下已经有人议论,说是"待嫡"之说实在不通,就是当今的万历皇帝,他就并非嫡子。这种议论一在私下传开,倡为"待嫡"之说的人们便都不敢再过坚持,因为他们很怕这种说法会被人用入疏文,那样便不好看了。不过这些人的长技便是在暗中捣鬼,一计不成,又生一计,很快便又想出了"三王并封"一着,要郑贵妃请求万历,予以施行。

所谓"三王并封",便是想在册立太子之前,把皇长子朱常洛、皇三子朱常洵和另一皇子朱常浩三人都先封王。三人同日封王,这样便都无二致,下一步就好另做手脚了。

那时首辅申时行已经致仕回家，代替他位居首辅的是王锡爵，于是万历便把王锡爵召来，命他尽快拟出谕旨，昭示"三王并封"之意。这个王锡爵和申时行本是同年，他们都是嘉靖四十一年（1562）壬戌科的进士。申时行是那一科的一甲第一名的状元，而王锡爵则是一甲第二名的榜眼。王锡爵廷试虽仅次于申时行，会试时却是当时的会元，名次还在申时行之前，应试为文虽与申时行不相上下，但实际上却远不及申时行的干练精明，不过是个唯唯诺诺，诸事仅能如命照办的人。他被召奉命之后，回来便已把"三王并封"的旨意拟就，并未悟出其中还有什么别的道理。但是，就在他拟旨之时，此事却已在外面传开。于是其他阁员以及很多坚主立储的头面人物，便都赶来看他，向他说明这是压低皇长子的一个陷阱，这道谕旨可是万万拟不得的。王锡爵本人也是个守正之士，至此方始大悟，因而不但停止了拟旨，并向万历表明了"三王并封"不宜实行的道理。于是，这另外的一着，便又胎死腹中了。

"待嫡"和"三王并封"，最终的用意虽在争持立储，切近的作用却在扰乱施行皇长子的预教。这两者都已失败，预教之事便已不能再延，终于在皇长子十三岁时，还是只得如议照办了，并且一切仪注也都与东宫"出阁"无异。这样，维护皇长子的利益的守正诸臣，便又赢得了第二个回合。

万历采用拖的办法，虽然给他赢得了不少时间，但反过来，时间又给了他越来越多的压力。因为拖而又拖，皇长子不觉已达到了冠婚的年龄，应该让他冠带成人，举行婚事了。在这件事上，相互对立的两方，又都摩拳擦掌，再作一番斗争。站在郑贵妃方面的人，为了不使皇长子与诸子有异，都主张不待册立，先行冠婚，这样在婚礼上，便与诸子不会有何差异。而站在皇长子一方的守正群臣，却觉得冠婚是件大事，实在马虎不得，因而坚持必须先行册立，让皇长子以太子的身份举行婚礼才行。依照明代的宫廷惯例，不论太子还是诸王，年到十五六岁，便已到了冠婚之年，不能再延迟了。但是皇长子的婚期，却因两方相持不下之故，给推迟了很久。这时，时间的压力便更显现出来了。因皇长子既然不得冠婚，他下面的弟弟们自然也就没有抢在他的前面，先行冠婚之理。这样首受其害的，便是皇三子朱常洵，这事拖到万历二十九年（1601），皇长子年已二十，朱常洵也已年至十六，他们都还没能成婚，这让举国上下都已感到实在是件奇事。熬到此刻，万历自己也觉得实在熬不下去了，无可奈何，只得勉从众议，就在那年把皇长子朱常洛册立为皇太子，并于次年二月，又为他举行了婚礼。这样，万历一方可算是一败涂地，守正诸臣终于取得了完全的胜利。

皇长子虽然已被册立，但斗争却并没有完结。在拥护诸臣方面，虽说目的已达到，似已无事可干，但又都还感到，太子虽立，而根基欠稳，最怕会有什么变化，所以都在时刻注意着。在另外一方，主动的力量却也有了变化。在储位未定之时，万历实也极想立爱，所以常常起着主力作用。但因一再失败，而且立长之局终已无可变易，他的疏懒本性便又显现出来，变得听之任之，安于现状了。反之郑贵妃和她的父亲郑承宪、伯父郑承恩、哥哥郑国泰，以前都只在暗中煽惑、鼓动，如今却更鼓起劲来，想方设法，组织人力鼓吹，并谋划把已被册立的太子加以废弃了。他们突然这样尽力，也是势在必行，因为他们知道，他们已经深深地得罪了太子。一旦太子登基，等待着他们的将是什么，实已不问可知。只有废了太子，他们才能得救。为了鼓起已经冷下来的万历的劲儿，他们一面在外使人拼命鼓吹废立，一面便又重新煽起"妖书"一案来，扩大影响。所谓"妖书"一案，那是还在太子册立之前就发生了的一个案子。原来那时身为刑部左侍郎的吕坤，在他尚任按察使出巡山西时，写过一本名为《闺范图说》的小书，书中所载是历代一些贤德女人的图说。那时内监陈矩恰好奉诏在外收书，这本小书也便被他收进。万历因见那是本讲妇德的书，便把它赐给了郑贵妃。郑贵妃看过那书以后，自己又另外加上了十二个人的图说，并且为之作序，交由她的伯父郑承恩拿去刻版成书，又印了一些散放出去。这事原很平常，但那时的言官动辄假公济私、乱肆攻击的风习已成,给事中戴士衡因与吕坤有仇,便借此事疏劾吕坤假手郑承恩向郑贵妃进书,结纳宫掖,包藏祸心。这时忽又有人给《闺范图说》作了个名为《忧危竑议》的跋,说是吕坤撰《闺范图说》一书,以汉明德马皇后为首,是由于那马皇后乃是从宫女渐次晋封为后的。他的用意,分明是向郑贵妃献媚。郑贵妃所以要刻这书,也是深知其意,为把自己的儿子常洵立为太子取个先例。跋文还在最后说明了该文的取名之意,它提到吕坤曾上过名为"忧危"的一疏,说他在那疏里无事不谈,唯独不谈建储一事,他的用心,于此也可概见。这篇跋文主要虽是攻击吕坤,却又夹枪带棒,无处不在暗中攻击郑贵妃。因此,郑贵妃及其家人便都认为,作这跋文的人,定是出于疏劾过吕坤的戴士衡,或是曾劾过郑贵妃的全椒县知县樊玉衡这二人之手。于是通过万历,立即贬罚了这两个人,才算罢休。这事原已算是了结,如今忽又旧事重提,则是由于又出了一篇《续忧危竑议》引起来的。这篇《续议》用的虽是老套,而意指却已全非,它的要旨是说太子虽然已立,但是不久必然会被废去。因为他的被立便很勉强,皇上是被逼无奈才那么干的。这篇文章是托名为一个叫"郑福成"的人以与来客对答的方式而写成的。那时朱常洵已被封为福王,从这取名,一望可知,是说郑贵妃的福王必将成功之意。文中还说,万历忽命朱赓入阁,也含有深意。赓者,更也。

这也透露出了要更换太子的用心。大学士朱赓由于文中指名说到了他，便把那篇文章找到，献给万历去看，以明无他。万历看过此文，很是震怒，立即严命锦衣卫，务必严加搜捕，一定要把主犯拿获。

这一搜捕行动，造成了很大的混乱，不但滥捕了很多人，还有些人以此为由诬陷自己的仇人。如那时的锦衣卫都督与他的同僚周嘉庆不和，便声言那是周嘉庆搞的，将他捕入狱中。东厂原也是以缉捕为业的，对此自也不能放过，他们也逮捕了不少人，其中有一名叫皦生光的，据说是个妖人，嫌疑最大。巡城御史也跟着大加捕人，他们所捕的人中有个达观和尚，还有一个叫沈令誉的医生，说这二人的嫌疑最大。滥捕之外，一时纷纷告密者又有多人，一时把个京城闹得真是鸡犬不宁，人人自危。最有趣的是，当时身为首辅的沈一贯，为了想要打击次辅沈鲤和东宫讲官郭正域，竟也在这件事情上插了一手。原来这个次辅沈鲤，在万历还是太子时，便是教导他的东宫讲官。他为人正直，讲书又极明白，实是万历最为敬重的一个讲官。他之入阁，也是万历一再示意方始成为事实的。沈一贯自始便很忌怕沈鲤，得知他已奉诏入阁时，更极不安。那时他曾写信给李三才道："归德公（按：沈鲤是河南归德人）来，必夺吾位，将何以备之？"沈一贯之怀恨郭正域，也牵涉到沈鲤。原来郭正域初被选为庶吉士时，担任教习庶

## 立储上的犹豫不决

吉士的正是沈一贯。依例他们便算有了师生之谊,应该格外亲近才是。但是郭正域是个耿直人,很看不上沈一贯的为人,不但不执弟子礼,并且总是远着他。更巧的是,郭正域偏又是沈鲤的门生,这师徒二人因为气味相投,往来得倒很亲密。沈一贯又忌又恨,便不断在暗中打整郭正域。那时,他已利用楚王府宗人相讦的事件,把郭正域逼得辞官不干,就要回乡了,却又忽然发现巡城御史为"妖书"一案所捕到的医生沈令誉还曾是郭正域的门客,于是便又心生一计,想把郭正域也牵入这一案件里面,不但使他在这里面陷身,而且连他的老师沈鲤也逃不脱干系。他迅即动手,一面派人去追业已乘船南去的郭正域,一面又令人把厂卫新近又捕到的一名叫毛尚文的嫌疑犯交来,由他派人审问。原来这个毛尚文也在郭正域那里当过差,并且还和沈令誉相识。受沈一贯委派的锦衣卫陈汝忠,在毛尚文解到后,便取过一张锦衣卫的告身[1],拿给他看道:"看见了么?能说出犯人来,这个就给你。"随后又进一步教他,要他咬住医生沈令誉,还要他把在郭府做过乳母的龚氏的女儿也牵扯进去,说那个年仅十岁的女孩子都知道此事。追赶郭正域的人,在杨村那里赶上了他,当即把所乘的船

---

[1] 告身即委任为官的凭证。有了锦衣卫的告身,便可以到锦衣卫衙门里去任职了。

围住，把郭正域身边的仆人也都拿下，一并带来审问。

会审此案是由东厂太监陈矩来主持的。陈矩问那乳母龚氏的女儿道："你看到的，那妖书的书板一共有多少？"那女孩子答道："有满满一屋子！"陈矩不觉笑了，他说："妖书一共只有两三页，书板会有一屋子么？"他又问毛尚文："沈令誉说的那个书，是哪一天印的？"毛尚文接口便说："是十一月十六那一天印的。"陪审的戎政尚书王世扬道："妖书初十那天就搜到了，十六日又印，是有两本妖书么？"这些供词，简直都对不上号，只好赶走他们，不了了之。

后来又把皦生光和他的一妻一妾都带上来拷问，想让他们牵扯上郭正域。但是他们都与郭正域素不相识，问来问去，也没个头绪。

案子正在罗织之中时，太子的另一个讲官唐文献曾极力为郭正域排解，他找到了沈一贯，和他力争，并说太子已多次向他的近侍传话，要他们打探明白：为什么要杀他的好讲官。这时沈一贯感到倾陷郭正域怕难了，才示意不再向这方面深究。然而这事又是奉有"务获元凶"的严旨的，总得有个着落，于是主审人的算盘便落在了皦生光的身上。这个皦生光，据说原是个无赖，他伪造过一首诗，说是富商包继志所作，诗中有"郑主乘黄屋"这么一句，他便用来向郑国泰和包继志二人讹诈。由于这句诗与"妖书"多少总算沾着点儿边，所以如果用他搪塞交差，实在倒是很合适。主审人陈矩觉得，这个皦生光即便是冤枉，但他伪造逆诗，用来敲诈，也够得上个死罪了，就拿他来作为正凶，倒也没有什么。这样计议已定，真个便将皦生光当作正凶报了上去，并把他凌迟处死，算结了此案。

再说郭正域于中途被围时，围船的人把他看守得实在很紧，昼夜都有兵卒不断地巡逻，仿佛怕他跑掉。那时还不断地有人来劝他自杀，说是他的被捕不过是指顾间的事了。君子义不受辱，先期自杀一死，反倒是个好事。这些人，很多都是沈一贯派出来的。因为他如一死，很多事都可以算到他的头上。那时死无对证，由此扳倒沈鲤也更容易。然而郭正域却是个毫无所畏的硬汉。他说："我是大臣，有罪应该明正典刑，陈尸法场，如何能躲向僻野，悄悄自杀呢？"他堂正无畏，不但抵住了暗算，同时也使沈鲤免去了不少麻烦。

盼着废掉太子的人，另外也还有个异想天开的打算，那便是希望身居正宫的王皇后早早死掉。如果天从人愿，王皇后真个死了，正宫一席自然是非郑贵妃莫属，那时"子以母贵"，母亲正位中宫，儿子也就成了嫡子，皇长子的东宫太子也就当不成了。这个王皇后，身体并不算好，而且由于不为万历所喜，各项供应也都很差，盼她早死，实在也并非全然无因。不过她为人端谨，安静无为，又得太后的关心庇护，所以供应虽差，在中宫服役的人数虽少，却也困不住她。他们虽然不住盼她早死，却一直都没能够如愿。事实上王皇后和万历竟是同一年死的，他们都是活到万历四十八年（1620）才死，王皇后死后只有几个月，万历便也随之而去了。

王皇后总不肯死，郑贵妃等人早已失去耐心，想要采取非常手段的念头怀谋很久了。但是，有李太后在，还使他们胆怯，总是不敢轻动。万历四十二年（1614）二月，李太后终于死去，最后的障碍已无，因此便在次年发生了梃击一案。

# 梃击案始末

万历四十三年（1615）五月初四晚间，有个手持枣木棍棒的汉子，悄悄闯进了皇太子居住的慈庆宫，并将把守宫门的内侍李鉴用棍击伤，又闯入前殿的檐下。在那里，被内侍韩本用等人捉获，当即将他交给了驻守东华门的守卫指挥朱雄等人，由他们将犯人暂行关押。扰攘了多年的明末三案中的梃击案，就是这样地发生了。

次日正是端午，皇太子赶着把夜里所发生的事件先向万历奏明。万历得奏，便命先将人犯交由近处法司先行审问。审理此案的巡皇城御史刘廷元，于审问后，奏闻的审知情况大致是这样：犯人名叫张差，是蓟州人。他说他是个吃斋讨封的人，语言很无伦次，看来像个疯子。但是察看他的相貌，又像很狡猾。最好还是交由法司严讯。刘廷元奏闻情况的语句很活，既说张差像个疯子，又说看来很是狡猾。这些都是那时官场应付公事的惯技，各面都占着点儿，各面都不说死，这样便可以把事情顺利交出，让别处自行去办了。

郑贵妃晋封皇贵妃,册封诏书和宝印被抬进宫中

张差手持木梃,潜入宫门,击伤内侍

## 梃击案始末

这案子转到刑部之后，是由郎中胡士相、员外郎赵会桢和劳永嘉三人会同审理的。那时太子早晚将废的传说已经流传多年，成为人尽皆知的事了，而况郑贵妃一家又是越来越见显赫，上上下下，到处都有他们的党羽，连首辅方从哲也是听从他们的指使的。胡、赵、劳三人都是习于官场的人，该怎么办才好，他们早都明白。初审的刘廷元说张差是个疯子，这就最好，因此他们便由此串讯，说这张差原是个卖柴草的人，由于柴草被人烧去，气得疯了，于四月间即入京诉冤。在路上，有两个不知姓名的人和他同路，他们骗张差说，诉冤没有状子，可以拿一根木棒代替。张差信以为实，因而手持木梃，从东华门潜入大内，直达慈庆宫门。按律，手持凶器，潜入宫门，便该问个斩罪，该犯又还击伤内侍，似应加等治罪，立予斩决。他们把案情拟定，只待送呈刑部堂官，代为转奏，便可了结。不想就在此时，他们是如何判决的，早已为外间所知，立即群情大哗，纷纷上疏论奏，说是张差入宫行凶，幕后必有人指使，而刑部只论张差一人，且欲予以速决，显然意在杀人灭口，庇护幕后的真凶。应请另予详审，查出元凶，才是正理。疏论而外，外间更自议论纷纷，都认为定是郑贵妃等人在暗中指使。这使得郑贵妃等极为惊慌，连万历也觉得很是烦恼。只有一点可使他们稍觉放心，便是串通刑部，对张差严加监管，外来的人，谁也不许探望。

把张差和外间隔绝，当然可以少生枝节，但是他们却不晓得，注意此案，并愿侦查出实际情况的人，竟是到处都有，在刑部中也不例外。这时刑部主事王之寀便主动出来，想要弄清此案。这王之寀在入刑部之前曾做过知县，对于审理案情，倒也颇有经验。他虽未被委为梃击一案的审讯者，对此案不能公开审问，但既然身在刑部为官，自然总可想出些办法。他几经思索，觉得如去管理牢饭，倒是条好路子。这样想定之后，他便讨下了兼管牢饭的这个差事。他亲自率领狱中人员，给犯人们一个一个地送饭，独把张差留在最后，使他早已感到饥饿难禁。最后轮到他时，王之寀却让人把饭且摆在一边，要张差供出实情，才许吃饭。那时的张差已经受过几次杖刑，体力已很不支，又且早过饭时，已自饥饿难当。当下语无伦次地说："我是来告状的，你要问我什么？"又说："打死我吧，什么都没用了！"王之寀命人把饭送到张差的近处，却使两名狱卒把他紧紧挟住，看定了他说："看见了吗？饭在那里，你说了实话，就给你饭吃，不说，就饿死你！"张差实已饿火中烧，十分难耐，只得开始实说了。王之寀是个问案的好手，在他的追问之下，张差的一切实情都已无法隐瞒，一次诱审，大致的情况都已和盘托出，虽然还不免有些藏掖之处，但实则已很够了。

王之寀在讯问时，还命人把张差的口供作了笔录，他的供词，大致是这样的：张差是蓟州人，小名叫张五儿。他之来到北京，是由他们乡里的马三舅和李外父，叫他跟着一个不知道姓名的老公（民间习称内监为老公）来的。他们叫他一切都听那老公的吩咐，并说事成之后还可以给他几亩地。他到京后，进了一条不知是什么街名的大宅子，有个老公拿出饭来给他吃，并且对他说，"你去闯一下，遇着人就打死他。打死了人，我们会救你。"说着，给了他一根枣木棍，并把他带进了后宰门，一直带到那个宫门口。在那里，他打翻了一个看门的，但随后又来了很多的老公，他被捉住了。

王之寀知道张差的供词还有很多不实不尽处，但却已打开了缺口，由此再加审讯，一切便会更加清楚。于是，他把张差的供词写成了揭帖，送交署印刑部侍郎张问达代为入奏。王之寀在揭帖之末还说，依他看来，张差这人不疯也不傻，并且很有胆量。他希望能把他绑到文华殿前，举行朝审。或者交由九卿科道和三法司共同会审也行。那样必会审出很多的详情，使幕后的指使人无法遁逃。

张问达把王之寀的揭帖代为入奏以后，万历感到不知如何是好，只好不加批复，"留中"了事。但那揭帖的内容早已传开，"留中"不批，并不济事，追问此事的奏疏接着便又纷纷而来，其中促请最力的，计有大理寺丞王士昌、行人司司正陆大受、户部主事张庭、给事中姚永济等人。

在陆大受的疏文里，竟书有"奸戚"二字多处，矛头更直接指向郑承宪等。万历对于这些很觉讨厌，但又无可奈何，只有一概"留中"不问。郑贵妃和她那一家更是感到极为惶恐，他们不断派人四出活动，但也无法缓和那汹汹的来势。这时又来了个名叫过庭训的御史，他也上疏亟论此事，并说"祸生肘腋，不容不闻"。万历把他的奏疏也"留中"后，这过庭训更移文到蓟州去，要那里的地方官侦报张差在家时的一切。蓟州知州戚延龄很快就给过御史来了回文，这个回文写得很于郑贵妃一方有利。那回文说，张差确实是个疯子，他之所以成疯，是由于郑贵妃要在蓟州修庙，派来内侍在那里设窑烧砖，居民把柴薪卖到窑上很能获利。张差把家里的田都卖了，也抢着去做柴薪生意。砖窑附近的居民恨他抢夺生意，暗中把他的柴薪都给烧了。张差把柴薪被烧之事向主管内侍控诉，不料反被斥责，因此疯了，手执木梃，说是要入京去告御状云云。这个回文与刘廷元的初审供词很是相合，而且比那供词更为详尽。因此有人怀疑，郑家不断派人四出活动，蓟州知州戚延龄也许便是收了他们的贿赂，才这样写的。事实上也很显然，蓟州的回文一到，不但郑承宪等活跃了很多，就是初审此案的刘廷元等，便也觉得有了口实，重又多方活动起来了。

五月二十一日，刑部会集了十三司的司官和胡士相、陆梦龙、赵会桢、劳永嘉、王之寀等人，再行会审张差。

这一次，张差的供词造成了更大的震动。他供出了以前从没说出的人名和地名：马三舅名叫马三道，李外父名叫李守才，不知姓名的老公是去修铁瓦厂的内侍庞保，他去过的那所大宅子，是在朝阳门外有所大宅子的内侍刘成的住宅。他还明白地供出，就是庞保和刘成叫他去打上宫门的。他说，他们告诉他："你打了小爷，就吃穿不愁了！"所谓小爷，指的当然就是皇太子，内侍一向便这么叫他。张差还供出了他的同伙，他们一共五个人，他的姐夫孔道也是其中的一个。

　　这一审，真可谓"水落石出"，什么都对得上号了。刑部于是即刻行文到蓟州，要地方官协助捕拿马三道、李守才、孔道等人，并解来候讯。另一面又行疏请，要求让法司去到大内，把庞保和刘成都提来对质。这一次，连首辅方从哲也沉不住气了，他竟也和给事中何士晋等人一样，上疏请求，务要严究主使，不可轻易放过。万历也感到举朝内外，人言籍籍，再也压不下去了，便也降下谕旨，准许严究。

　　情势如此紧张，最吃不住劲的自然是郑贵妃，那庞保、刘成都是在她左右的执事太监，一旦提出去审讯，谁知道他们都会说些什么呢？她几次向万历哭诉，希望皇上替她做主。万历感到外面的来势汹汹，就是他也难以压下去，不觉叹道："如今闹成这样，怕难解了。如果让皇太子出面，也许倒好办些。可是，这可得你自己亲自前去求他。"郑贵妃无奈，只好去求太子。她一见面便向太子下拜，太子也忙回拜。贵妃拜罢，便开始向太子哭诉，力求太子救她，辨明她的冤枉。太子此时也很害怕，也是极想早点有个了结。听罢贵妃的申诉，忙命伴他读书的内侍王安代他属草，下了一道令旨，要诸臣不必多所纠缠，元凶张差既已拿获，把他正法也就是了，多缠反倒令人为难。这道令旨说得虽好，实则效用不大。郑贵妃一家惹动了公愤，诸臣还是坚持着要追查元凶。情况至此，万历感到实在别无他法，只有由他亲自出面来安抚群臣了。

那时万历早已倦于朝政，不见群臣已达二十五年之久了。为了这事，他只得特别破例，把首辅方从哲、阁臣吴道南，以及文武诸臣，都召入到慈宁宫里，来和他相见。在召见之前，还把皇太子和三个皇孙也都召来。他命太子就站在他的御座之右，三个皇孙则站成一排，立在左面阶下。方从哲和诸臣都到来时，万历先责备诸臣离间他们父子。又要他们只把张差、庞保、刘成三人都判为斩罪便可算了，不要多所株连。说完又拉着太子的手向诸臣道："这个孩子很孝顺，是朕极心爱的。"停停，又用手量着太子的身子道："他从婴儿已经长到成人了，朕如若别有他意，何不早就更换？况且福王已出居到他的封地去了，离着这里有上千里，没有宣召，他能飞回来吗？"说后又把几个皇孙也都叫到近前来，要诸臣好生看看他们，并说："朕的几个孙子也都长起来了，还说些什么呢？"最后又望着皇太子，要他把自己想说的都向诸臣说说，一点也别顾忌。

皇太子在他父亲的鼓励下也发了言，这在他是早已盘算过了的。他先说到张差，认为那不过是个疯子，从速处决也就算了。接着他又责备诸臣不该小题大做，离间他们父子。他最后还说："诸臣想已眼见，我父子何等亲爱，而外廷议论纷如，这样，尔等已为无君之臣，并使我也为不孝之子。千万不可仍若如此。"他这番话，很受到万历的赞美，他连问诸臣："皇太子的话，你们都听到了吗？都听到了吗？"诸臣便都叩头，表示都听到了，于是一同叩辞而去。

在万历父子的联合演出之下，诸臣自然只有听命办理一途，因而出了慈宁宫后，立即传谕法司，要他们尽快处决张差，了结此案。于是张差遂于次日便被绑赴法场，在那里被处以斩刑。

处决了张差的次日，庞保、刘成也被押往文华门受审。那时他们知道张差已被处死，对证无人，所以便都一力狡辩，把一切都推得干干净净。这二人都是郑贵妃极信赖的执事内监，所办的事又都是出于郑贵妃的授意。虽然他们的本事太差，把事情办得那么糟，几乎使郑贵妃都受到了连累，但是郑贵妃还是想能全活他们，张差已死，他们可以推个干净，原想也就算了。不幸的是外廷诸臣，还有些人不肯甘休，仍不断疏论梃击一事，务要追查幕后元凶。最后万历给那些论疏搞得冒火，又怕夜长梦多，又生出什么意外的枝节，觉得还是除掉这两个人才得干净。因此他终于还是传谕给司礼监，让他们把庞保和刘成都在内廷暗中处决。这样，这两个一心讨好郑贵妃，以便谋求私利的庞保、刘成，只比张差多活了十几天，终于还是丢掉了性命。

张差、庞保、刘成都已被杀，刑部又把马三道、李守才、孔道等人也都判了流刑，梃击一案虽说并未查获幕后的元凶，然而从表面上看来应该是案已全结，不会再有什么了。这时能够想到日后还有反复的人，大概很少了。

# 红丸案

红丸案和梃击案在时间上相距有五年还略多一点，它发生在万历四十八年（1620）的八九月之交。这时的万历已于那年的七月中旬去世，他的皇长子朱常洛在八月初已经即位为帝，终于登上了皇位。这位皇长子虽已即位为帝，但在他生前却并没有自己的年号。他与他的父亲明神宗，在明代一十六帝中，以在位的时间而言，可以说是两个分居两端的人。明神宗万历登上帝位共达四十八年还稍多些，可说是明代诸帝中在位最久的一人。与他相反，这位皇长子，从即位到晏驾一共才只有三十天，又可说是在位时间最短的一个。他在位为期虽短，但这明末三案中的第二案，却就发生在他在位的时候，而且他还是那一案里最关重要的一个人。

由于在位的时间太短，朱常洛在生前并没有过他自己的年号，因为依照惯例，新君即位，总要等到下一年的元旦才能改换年号，他在位的时间太短，没能活到次年，所以生前便无年号。但他既已身登帝位，总得有个年号表明他在位的那一段才是，所以在死后，随着他的父亲入了太庙，被称为光宗之时，才由廷臣共议，把万历四十八年分为两段，那年的一至七月，仍称万历四十八年，从八月起则改称泰昌元年。泰昌这个年号，便是为皇长子而议定的。还有些史臣，觉得一年二号太不方便，索性便把万历纪年改为四十七年，而把四十八年统称泰昌元年。所以关于万历的纪年后来便有两说，一种说是四十八年，又一种则说只有四十七年，其分歧之故，就在有的把那最后一年算为泰昌元年，有的又略去了这个实际上并不存在的年号。

　　这位皇长子之所以在位如此之短，实由他即位时便在病中，后来又吃错了药，所以才只做了三十天的皇帝便御驾殡天了。他是万历的长子，由于他和他的生母都不为万历所喜，所以他的一生大都生活在抑压、冷遇的环境里面，直到梃击一案发生过后，才突然有了改变。但这一突变却又成了他竟不得永年的根由。梃击一案，闹得那么纷纷扬扬，最后还是万历把他向群臣赞扬了一通才解决的，这些我们已在上一章里叙说过了。自此以后，他的东宫地位算是已经切实确定，万历对他也自另眼相待，别人自然更不待言，他的生活也就突然改变，与以前大不相同了。改变得最显然的，还得说是郑贵妃待他之判若两人。梃击一案，是郑贵妃受命于万历前去求他才得解决的，至此她才感到废立一事已成泡影，这个被她欺凌过的皇长子就是未来的皇帝已成定局了。这一前景使她感到非常可怕。为了预为之谋，她便对这位皇长子一反过去所为，加意奉承起来。她借口感激他的解救，尽力向他接近，以便投其所好，可以改善他们之间的关系。她是个极会察言观色的人，不久她便发现，原来这皇长子也很像他的父亲，是个贪财好色，把酒、色、财、气四门都占全了的人。看出了这些弱点，她的本事便全部施展出来了，不但随时赠以钱财、珠宝，还在她的宫女里选了八名最为美丽的赠给了皇长子，要她们去服侍他。

皇长子的为人，真被郑贵妃全看透了，以前他久受抑压，对他的所好自然只有望洋兴叹，后来虽有好转，但处于积威之下，却也不敢妄求。如今天从其愿，郑贵妃对他竟那么好，美人、珠宝什么都给了他，不觉十分感念，把以前所受到的轻视和冷遇都忘怀了。他的体质原不算好，忽从逆境转入顺境，真如穷儿乍富，不免失于放纵，几年来常自耽于酒色过度的生活，虽然年纪尚还不足四十，可是身子早已垮到濒于崩溃了。他是万历四十八年八月初一那一天即位为帝的，那时他的病势已经很重，只是勉强挣扎着才完成了即位的大典。此后虽到八月十二日还能力疾临朝，但过后便已卧病不起，再也无法坐朝了。他所以骤然病倒如此，据说是由内侍崔文升给他看过病，崔所用的是一服泻药，服过之后，一夜之间竟腹泻至三四十次，所以立觉委顿不支。这时他晓谕诸臣时也说自己是"头目眩晕，身体软弱，不能动履"，很道出了自己病症的险状。实际上，他那时已自知病将不起，所以此后接连在病榻上召见诸臣，所说的都是如何安排后事之类。到了八月二十九日，他又召见首辅方从哲和其他大臣，同时还把他的长子朱由校，即后年号为天启的明熹宗也叫到榻前，就更有一种临危顾命的样子了。他谈到了寿木和陵地，方从哲初时还误以为他问的是才去世的明神宗之事，但这个卧病的人却指着自己说，"朕寿宫也"。方从哲等这才晓得，这位才即位的皇帝已不讳言自己的丧事了。后来这位皇帝又问："鸿胪寺有个官来进药，他在哪里？"方从哲道："鸿胪寺寺丞李可灼说他有仙方，可是臣等都不敢相信。"但这位已经自知不行的皇帝却很想试试这个仙方，即刻便命人把李可灼宣入宫中，并要他赶紧把药献上。李可灼所进的是一种红色的药丸，后来便称这事为"红丸案"。这药初服后效果像是很好，皇帝觉得很舒服，不住地称赞李可灼为忠臣。不久，又命内侍传谕，说服药后很好，命他再进一丸。李可灼再去进了药后，方从哲等问起皇帝的病状，李可灼还答称"很好"。但是到了次日一早，也就是九月初一的清晨，登基才及一月的皇帝便去世了。

皇帝在夜里服了一个人所进的药，天刚亮就去世了，而这个进药的人又并非御医，这种事在封建时代可不是小事。由于不悉红丸究为何物，又还牵扯起了一些别的因由，所以这事终竟成为明末三案中的一案，也惹起了不小的风波。

说到李可灼所进的红丸究竟是什么药，后来论及此事的人们议论很不一致。有些人认为那不过是一种房中药；也有人以为不然，说那该是一种道家服食的丹药，颜色红，自然含有大量的丹砂，进药者自称为仙方，更说明了这一点。也有些人则认为两说都不足信，说那不过是一种普通的补药，李可灼认为补药总不会出事，所以才敢进。大约持前两说的人，人数都较多，而且各都以史实为据，觉得很有理。持第三说的人却拿不出什么史实来，不过是据理而言罢了，所以人数也较少。

说红丸是房中药的人，他们的根据是，明代的诸帝大多都是色欲之徒，由于纵欲，他们都宠用一些佞人，替他们寻访春药来助长欢乐。明代的诸帝寿算都不高，常都是只到三四十岁便下世了，其原因也由于此。服春药最著名的首推明宪宗朱见深，他朝中的首辅万安，便是以进春药而青云直上的。时人称之为"洗屌相公"，也是由于这些事。

说红丸是金丹之类的药物的人，首先总要提到那药的颜色，从颜色便可推知那是用汞炼成的。再则，明代诸帝迷信方术希图长生的人就很多。在这些服用丹药的诸帝中，明宪宗也是很突出的，被他宠信的方士，前后就有李孜省、邓常恩、赵玉芝、凌中、顾红和僧人继晓等十余人之多。他曾给予真人、法师、法王、禅师、国师等封号并领有俸禄的僧官、道官，人数更多达一千余。然而在这方面，明宪宗还得让他的孙子明世宗称第一。这位年号是嘉靖的皇帝，宠任的方士不但更多，给予他们的好处和权力也更大、更多。他退居西苑万寿宫达二十余年，长期不理朝政，只以炼丹求仙为事。他不但自己这样，还要他的臣子也和他一样。首辅夏言罪至弃市，不肯服用他赐给的道巾竟是重要的罪行之一。严嵩最合他的心意，别人攻也攻不倒，方士兰道行巧用扶乩，便把严嵩搞倒了。万历是否也服过丹砂，史籍并没有明文，但在万历三十年（1602）他忽然一病，自认为必死，而次日又全然无事了。这情况据说倒也是服用丹砂的旁证。

持第三说的人实际的根据并不多，他们不过是据理以见前二说之非而已。他们认为，拿春药给病在垂危的人吃，是出乎常理的，李可灼不是疯子，他又明知病人乃是皇帝，如何敢这样乱来？不能是丹药，其理由与不能是春药也正相同，那也不是可以拿给垂危病人的药物。他们有人又说，朱常洛是由纵欲才把身子迅速搞垮了的，明代中叶春药已极流行，至明末而益盛，当时的话本反映及此的实已很多。明代宫廷中，春药的泛滥比民间更甚，朱常洛纵欲伤身，滥用春药也应是其一原因，如何可以再拿春药给他服用？他们反复辩驳，都不过是些空论。但在这三说之外，却还有人认为，红丸到底是春药或是金丹都有可能，李可灼如果甘心受人利用，故意拿来以速其死，其可能性也并不是没有的。

其实红丸案之所以成了多年纠缠不清的大案，主要就是由于有这最后一说，从立储时便相互对立的两派一直都还在互相攻击，至此，又有了个绝好的题目，于是又各为一说，再启争端。一向以维护正统利益为己任的一些人，由于想到以进泻药而使病情骤重的崔文升原是郑贵妃属下的人，李可灼又是由方从哲带进宫里的，所以认为李和崔都是弑逆，应该处以极刑；这样也还不够，还该查明有谁在幕后主使。要追查幕后人，这从梃击案便开始闹起，以至就是民间也都知道，所谓幕后人，指的便是郑贵妃和从属于她的那一伙。这一次所以与以前稍有不同的地方则是，首辅方从哲也成了众所目指的人物。

方从哲是于万历四十一年（1613）晋升为礼部尚书兼东阁大学士而入阁的。次年，首辅叶向高致仕，方从哲便继而得任为首辅。他从入阁到万历四十八年（1620）十一月致仕，作为阁臣虽只有七年多，但在他手里却接连换了三个皇帝，已可说是辅佐过父、子、孙三代的三朝元老了。更为奇巧的是，梃击、红丸、移宫三案，也都是发生在他为首辅的时候。梃击案发生在他升任首辅的次年，红丸案和移宫案则都发生在他致仕的那一年，他就是由于对这两案都处置失当，挡不住各方的围攻，才致仕而去的。关于方从哲，《明史》说他"性柔懦，不能任大事"，说得实在很不够，贪婪而无能也是他的一个特点。由于贪婪，他热心于权力和财利；又因无能，只有靠钻营、依附才能得到那些。他之成为郑贵妃系内的人物，倒也像"天作之合"，一个愿招，一个想投，所以一拍即合，很早他便成了极肯为贵妃出力的一员。

红丸案之所以愈演愈烈，也全由方从哲的处置失当。首先人们纷纷指为弑逆，他如听之任之，不加驳辩，很可能闹过一阵便趋消歇。但他因为李可灼是由他那一方所引进的，生怕沾上弑逆的恶名，不但立即命人加以申辩，说是乃由先帝所召，并非弑逆。又因皇帝初服药后觉得很好，曾经连夸李可灼为忠臣，也是当时在侧诸臣都听到了的，便更借身为首辅，有代拟遗诏的方便，在遗诏中，以去世的皇帝的口吻，仍然夸奖了李可灼，并且赐以银币。方从哲认为，他这不惩而奖的办法，可以借助于大行皇帝（才去世的皇帝即称为大行皇帝）的威灵，压住群臣的叫嚣；不想适得其反，他的遗诏一出却引起了更大的反响，人们把崔文升、李可灼的用药都看成了有联系的阴谋，并且把他方从哲也给算入弑逆者的数中了。

情势转变到连他自己也成了弑逆者，方从哲更慌张到手足失措，但他仍想借重大行皇帝使自己摆脱困境。他使人再行为崔文升和李可灼辩护,又说坚持认为他们用药有误的人,将使先帝陷于不得寿终之列,凡属臣子,于心何忍?这种论调一出,激起来的波澜更大,在先攻击他的还只是些言官,如今却是很多大臣也都加入了攻击他的行列。先前攻击他还只是隐有所指,如今则是不仅论及此事,而且把他的所有恶德都抖搂出来了。方从哲抵不住这股狂流,只得慌忙上疏求去,想借此得以逃脱。但是就是在他致仕之后,声讨他的疏文还是络绎不绝,直到天启二年(1622),攻击他的疏文还是一直不断。在论疏中,以礼部尚书孙慎行和左都御史邹元标二疏所论最为严切。孙慎行在疏文中直言方从哲难逃弑君之罪。他说:"举朝共攻李可灼,仅令回籍调理,岂不以已实荐之,恐与同罪与?臣以为,从哲纵无弑之心,却有弑之罪,欲辞弑之名,难免弑之实。《实录》中即欲为君父讳,不敢不直书方从哲连进药二丸,须臾帝崩。恐百口无能为天下后世解也。"他把进药算在方从哲头上,用的是春秋笔法,当时都被认为确是追本溯源之论。他在疏中还提到了方从哲和郑贵妃相互勾结的事实。最后更说:"臣在礼言礼,其罪恶逆天,万无可生之路。若其他督战误国,罔上行私,纵情蔑法,干犯天下之名义,酿成国家之祸患者,臣不能悉数也。陛下宜急讨此贼,雪不共之仇。毋询近习,近习皆从哲所攀援也。毋拘忌讳,忌讳即从哲所布置也。并急诛李可灼,以泄神人之愤。"邹元标在疏中也说："元辅方从哲不伸讨贼之义，反行赏奸之典，即谓其无心，何以自解于世？"

孙慎行和邹元标都是以耿介著称、威望极重的大臣，他们的议论所引起的波澜更大。方从哲对此，只有一面尽力上疏辩解，一面自请削去官阶，并愿远流边方，投畀四裔。他这样做，一在稍平公愤，二则也望有人代他辩解。他这人在京居住多年，又且久任首辅，暗结宫闱，党羽实也很多。这时便有很多内侍在御前替他说话。孙慎行在疏中所说的"近习"，指的正是这些内侍。在外廷，也有些人纷纷为方从哲说话，如刑部尚书黄克缵、给事中汪庆百、御史王志道、徐景濂便都上疏力言："诬先帝以非寿终，臣子之心何忍？"企图以此为解。孙慎行在疏中所说的"忌讳"，指的便正是他们所说的这些。

由于为方从哲辩解的人所说的都很无力，所以红丸一案一时仍难了断。最后还是阁臣韩爌上疏，详细说明了进红丸时他所目睹的实况，并又建议把李可灼和崔文升都另行处理，才勉强压住了众议。韩爌为人老成，并不趋附方从哲等人，他和刘一燝都是在进红丸的前几天才入阁的，进红丸时他又是当时在场的大臣之一，所以他的说法易于取信。

李可灼和崔文升很快也都重新予以处理，李可灼判为流戍，崔文升则发往南京安置。红丸一案，至此才算暂时作了了结。

# 移宫

移宫一案是三案中的最后一案，它有前后两起，前一起还发生在红丸案之前，但波澜不大，只可算是个前奏。后一起则与红丸案相接很近，牵扯得也更重大，所以算是正案。

所谓移宫，就是一些不应占据乾清宫的人占据了那里，有人为了体制，要让他们迁出，因此而生出许多事来，这便成了移宫一案。

这个乾清宫，依照左光斗的话来说，那便是："内廷有乾清宫，犹外廷有皇极殿，惟天子御天得居之，惟皇后配天得共居之，其他妃嫔虽以次进御，不得恒居，非但避嫌，亦以别尊卑也。"乾清宫既有如此显重的地位，所以常是很多妃嫔一心向往的所在，入宫之后，最大的愿望便是能定居在那里。万历四十八年（1620），王皇后去世以后，万历也已有病，郑贵妃以侍疾为名，便也住进了那里。到七月十九日，万历已经去世，她却仍自住在那里，连一点搬出来的意思也没有。她很清楚，那里是象征帝权，应由皇帝

## 移　宫

进居的所在，她之赖在那里，是想做一笔交易，从中再捞取点好处。那时她与最得皇长子宠爱的李选侍已来往很密，常有勾结，所以与她合伙打算一同做好这笔生意。皇长子已经拟定了要在八月初一即位为帝，但是却还是住在他的慈庆宫里，没能搬进乾清宫去。新天子而不能入居乾清宫，这在封建皇朝实是件不可容忍的大事，群臣们都很急切，但是郑贵妃却仍然不肯迁出，却教人放出话来，要新天子答应封她为太后，封李选侍为皇后，才肯迁出。首辅方从哲是看重郑贵妃的意见的，露出一些无可奈何，只好且答应她的想法。但被众人一语驳倒：欲为太后，得先是皇后，哪有天子既崩而立后者？为此事最急切的是吏部尚书周嘉谟、兵科给事中杨涟和御史左光斗，他们直接向郑贵妃的家人施加了压力。那时郑贵妃的兄弟郑国泰已经去世，周嘉谟派人把她的侄儿郑养性叫来，向他晓以利害，要他去告诉郑贵妃，赶快迁出乾清宫才是知趣，否则惹出麻烦，后悔可就晚了。郑贵妃给吓住了，只好移居慈宁宫。这样，这位已经即位了好几天的新天子，才得住进了乾清宫。周嘉谟的这一手，有人说倒像是移宫一案的前奏。

这位在位只有一个月的皇帝迁入乾清宫时，却还没有皇后，他为太子时作为太子妃的郭氏已于万历四十一年（1613）去世，所以跟随他入居乾清宫的，乃是他最宠爱的李选侍。当时原有两个李选侍，由于居处是一东一西，所以被人称为东李、西李。东李人老实，也不得宠；西李又美貌又精灵，才作为选侍就是皇长子最宠爱的人。人们所称说的李选侍，指的就只是西李。李选侍究于何时入宫，已难确知，给事中惠世扬在劾"方从哲有十大罪、三可杀"一疏中，称"李选侍乃郑氏私人"，因此有人认为她大概就是郑贵妃送给皇太子的八美之一。她和郑贵妃很有些勾连，彼此相互捧抬，说她是郑氏私人，大概相去不远。李选侍不但和郑贵妃彼此勾结，并且作风也极相似，而且泼辣剽悍尤远过之。朱常洛的长子朱由校的生母王选侍，便是由于受到她的殴打，因而得病死去的。这朱由校便是后来做了七年皇帝，年号天启的明熹宗，李选侍打了他的生母，因此后来疏论李选侍的人，便把"殴毙圣母"作为她的一条罪状。

李选侍为了给自己夺取权力，确也费尽了心机。她跟随朱常洛住进乾清宫后，已经晓得这个才即位的皇帝已将不久于世，那个皇长孙朱由校不久即将被立为帝。为此她首先便把这个孩子紧紧扣住，带在身边，想把他完全掌握在手里。另外她对朱常洛召见大臣谈些什么极为留心，总要躲在近处窃听。这位皇帝即位不久就卧病不起，倒给她干这一手准备了条件。那时她已封为康妃，自然于心未足，一心想着要当皇后，已经多次向新天子说过，要他赶快封她。原来依照惯例，皇太子的妻妾，只有正妻得称为太子

## 移　宫

妃，其他诸人都无称妃的资格，只可称为"选侍"。一旦太子即位，太子妃很自然地便成为皇后，仪式也较简单，新天子依例赐以册宝便算成了。选侍们成为一般的皇妃也可依例晋位，如想成为贵妃、皇贵妃都要由阁臣议过拟旨，才能册立，手续也便多了。朱常洛的太子妃郭氏在他即位之前很久便已去世，在他即位为帝时，中宫皇后实已无人，但选后在封建社会中是件大事，人品、家世都很要讲求，李选侍的要求实在很难达到。但是李选侍却不管这些，总是极力要求。一天，皇帝卧在暖阁里召见大臣，说着了她的事，说是想把她封为皇贵妃。李选侍躲在通联暖阁的房里偷听到了，忙把带在身边的朱由校推入暖阁，要他到那里去代她声明："不是要封皇贵妃，是要封皇后！"可是礼部侍郎孙如游把封皇贵妃的事都给推开了，他说目前连两位太后和元妃的谥号都还无暇议及，晋封皇贵妃的事只有缓办了。此后不久，新天子一命呜呼，李选侍不但没能当成皇后，就连个皇贵妃的称号也没有捞着。

　　移宫一案，是在朱常洛去世后就开始了的。依照正规，朱常洛一去世，没有资格在乾清宫居住的李选侍便该迁出宫去，由继位为君的新皇帝入内居住。但李选侍却学会了郑贵妃的那一手，她也坚持不迁，想借此再捞点好处。为此，她和也是顾命诸臣之一的兵科给事中杨涟很争持了一阵，由此并发生了很多变故。这件事的前后始末，便被人称为"移宫案"。

杨涟的官位不高，照说他是没有资格成为顾命之臣的。但他在疏论郑贵妃请封太后时就提到了李选侍和崔文升，说得很是切直。他说："外廷流言，谓陛下兴居无节，侍御蛊惑。必文升借口以掩其用药之奸，文升之党煽布，以预杜外廷之口。既损圣躬，又亏圣德，罪不容死。至贵妃封号，尤乖常典。尊以嫡母，若大行皇后何？尊以生母，若本生太后何？请亟寝前命。"这疏里有些语言，曾被人认为是过于冒犯天威，指斥乘舆之处。但卧病的皇帝看过后却觉得很好。三日后，他召见大臣，便特命把杨涟也列入其内。以杨涟的职位而言，离着被召入见还差得很远，因此，很多人都认为，怕是他那疏文出了毛病，会被召去面斥，甚至怕还要受廷杖。大家都去请求首辅方从哲设法解救，方从哲认为最好还是赶快上疏谢罪，也许还能有救。但是杨涟却不想谢罪，他说："顶多不过一死，我并不怕。我自觉无罪，谢什么罪呢。"他就这么坦然地去入见了，结果真也没有什么。朱常洛只是要入见诸臣传话给外廷，要他们不要听外面的那些流言。郑贵妃请封太后，他也认为以不办为是，还应许了驱逐崔文升。他说话时，频频注视着杨涟，对他像极有好感。从此，他每次召见大臣都要把杨涟也列入数内，所以杨涟也成了受了顾命的诸臣之一。

明光宗朱常洛是在他即位为帝后的第三十天晨间去世

的，由于死得有点突然，死时并没有什么大臣守在近处。李选侍想到不久廷臣们便要前来哭临（按：向遗体告别），便先将大概即会被立为帝的朱由校扣留在自己的身边，又命几名内侍持梃拦住宫门，阻拦有人进入。她摆好了阵势，以便可以讨价还价，满足她的欲望。

廷臣们最先赶向乾清宫的，有吏部尚书周嘉谟、左都御史张问达，以及李汝华、杨涟、左光斗等人。为了等候首辅方从哲和其他阁臣，他们款步徐行，并且议论着目前的事务。他们说到朱由校并未经册立，又已无生母、嫡母，孤单无依，不知将由谁来扶持。有人以为可以托给李选侍，由她来照料。杨涟立即反对这个想法。他说，天子如何可以托于妇人之手？况且李选侍对这个皇长孙又太粗暴。他提起了那次强行讨封的事，说他眼看着李选侍把皇长孙拉入推出，很不像样，如何可以由她来照料。他建议，未经册立并不要紧，反正如今他已是当然的储皇，大家应该尽快地去见他，群呼"万岁"，然后拥护出宫，暂往慈庆宫居住，摆脱开李选侍，才是上策。

会齐了方从哲、刘一燝、韩爌等阁臣后，大家才都来到乾清宫宫门，在那里，他们却被持梃的内监拦住，不容进入。此时杨涟奋勇当先，他大喝一声："奴才！我们是皇帝召来的。皇帝已经晏驾，你们拦在这里，想干什么！"一下喝退了内侍，大家才得进入。

哭临已毕,群臣方始发现,并没有见到皇储。次辅刘一燝忙问近旁的内监:"圣上殡天,皇储便该在灵前即泣,如何却不在此?"内监们都避而不答,只有曾为明光宗伴读的内监王安近前来悄声道:"是让李选侍给藏起来了。"刘一燝大声喊道:"哪个大胆的,敢把新天子给藏起来!"王安又赶忙道:"别急,列位在此稍候,等我进去看看。"

王安到里面去见到李选侍,向她说了须得群臣拥立的重要,皇储出见群臣是必不可免的。李选侍一时被他说动了,即将朱由校交给了王安。但是忽而又觉有些不妥,又忙想去拉他。王安牵住朱由校,闪过了这一拉,便忙奔向外面。外间守候着的诸臣,一见便都高呼"万岁",并由刘一燝在左,英国公张惟贤在右拉住皇储的双手,把他扶着登上了停在宫外的御辇。这时宫内不断传出"哥儿回来,哥儿回来"的高呼,还有几批内侍追赶出来,想把人再抢回去。刘一燝靠紧了御辇疾行,一连挡回去了三批追来的内侍。他把皇储护送到文华殿后,等候在那里的群臣便都拜呼"万岁",并立即把皇储先行立为东宫太子。至此,在群臣和李选侍的争夺中,群臣一方先胜了一局。

东宫册立完毕,李选侍还不断派人来催,要叫新册立的皇太子回乾清宫去。刘一燝向众人宣说:"乾清宫不能去,殿下暂时先在慈庆宫居住。"才被立为太子的朱由校,很怕李选侍,对这一宣示也极满意。刘一燝又向王安道:

## 移　宫

"主上年幼，又没有母后，外廷有事，都由我们承当，宫中的起居，都要偏劳你们了。"王安一向便看不过李选侍的举止，对她殴辱王选侍致死更是极为愤恨，因而也就欣然表示同意，愿以全力扶助新立的皇太子。

皇太子已立，下一步便是议定登基的日期。对此，意见颇为不一，有的主张尽快办理，就在当日午时便可举行登基大典；有的主张稍迟一点，等到九月初三再办；也有人主张不应过急，总要诸事就绪方好。杨涟便是个主张缓办的人，他以为父丧未敛，就忙着要衮冕临朝，于礼似有未合。他的这种主张，以当时的情势而言，自然并不妥善。因为，虽说太子已立，但那是采用非常手段由群臣拥立的，与正规礼法有所未合，根基也就并不牢固，所以从速登基，才是上策。不然，夜长梦多，会有意外的变故也很难说。杨涟显然没想到这些。左光斗甚至气得啐着他骂道："事脱不济，汝死，肉足食乎！"最后，大家议定，应于初六日登基，但必须把李选侍先期从乾清宫里赶开，才更显得光辉堂正。这样一场驱赶李选侍的举动便开始起来，诸臣纷纷递出笺奏，要李选侍顺应众议，从速离宫。诸臣也都上疏论述李选侍必须迁出乾清宫的道理。这些疏中，以御史左光斗的疏文说得最为切至。他说："选侍既非嫡母，又非生母，俨然尊居正宫，而殿下乃退处慈庆，不得守几筵，行大礼，名分谓何？选侍事先皇无脱簪戒旦之德，于殿下无拊摩养育之恩,此其人,岂可以托圣躬者?且殿下春秋十六龄矣,内辅以忠直老诚,外辅以公孤卿贰,何虑乏人,尚须乳哺而襁负之哉?况睿哲初开,正宜不见可欲,何必托于妇人女子之手?及今不早断决,将借抚养之名,行专制之实,武氏之祸再见于今,将来有不忍言者。"

这时李选侍在乾清宫里也正与她的左右谋划对策。她的亲信内侍李进忠认为,总要设法仍旧把皇太子掌握在手里。他还说,李选侍可以传谕出去,凡有奏本,一律先送乾清宫,然后再由这里转往慈庆宫去。这样也就抓住要害了。这个李进忠,就是后来不可一世的魏忠贤,他初入宫时,用的原是"李进忠"这个名字。在追抢朱由校的几批内监里,李进忠也是最出力的一个。由于看到了左光斗直斥之为武后的疏文,李选侍极为气恨,李进忠便又献策,要她把左光斗召来,然后把他杀了,做个样子,杀一儆百。但是他们如何召唤得动左光斗,左光斗断然拒绝,说:"我天子法官也,非天子召不赴。若辈何为者!"此计不成,李进忠又策划把朱由校骗入乾清宫,能把他控制在身边,不但左光斗可杀,垂帘听政也就不在话下了。这些策谋他们都曾力谋实现,但是不但都失败了,而且逼他们迅速迁出乾清宫的申谕却不断传来,对方反而逼到头上来了。

对付要她移宫的事,李选侍用的是"拖"的办法。她不说不迁,却又总是赖着,还不断叫人散出必须缓期的说法，希望日久生变。首辅方从哲是她寄予希望的人。方从哲在表面上也是坚主移宫的，却又主张不可逼得太紧，不妨稍缓。拖到九月初五，已经到了最后关头，明天新天子就要即位，可是乾清宫还是没有让出。至此，群臣积愤已极，纷纷涌到乾清宫外，喧叫着要李选侍赶快离开。这时方从哲仍在劝说众人，认为就迟一点，也没什么。次辅刘一燝可按捺不住了，他引用万历时的故事说："仁圣，嫡母也，移慈庆；慈圣，生母也，移慈宁。今何日，可姑缓耶？"杨涟也说："昨以皇长子就太子宫犹可，明日为天子，乃反居太子宫以避宫人乎？即两宫圣母如在，夫死亦当从子。选侍何人，敢欺藐如此！"这时李选侍也不断派出人来探听情况，还命人散布一个说法，说是李选侍也是顾命者之一，把新天子就交给她，也并非无据。杨涟厉声斥责了说这话的人，并问他们："你们吃的是李家禄吗？除非你们杀了我，否则，今日不移，死也不去！"刘一燝、周嘉谟等人也纷纷斥责那些人，喧声直达宫内深处。李选侍被这势头吓住了，只好认可移宫，匆匆忙忙，当日便离了乾清宫，迁往仁寿殿中暂住。新天子因而也就可以如期即位，并且住进这个所在。本来移宫之事，至此已可了结，但由于搬迁的时间太紧，竟又生出许多枝节，遂使移宫一事终又成为移宫一案。

由于搬迁的时间太过匆迫，情势非常混乱，有些内侍便趁机盗取内府秘藏，据为己有。有人因怀里暗藏的金宝过于沉重，竟在乾清宫外跌倒，把金宝撒了满地，泄露了偷盗之事。当时被捉获的便有内侍刘逊、刘朝、田诏等人，后来又陆续捉有王永福、姚进忠、姜升、郑稳山、刘尚理等多人，都是李选侍的近侍。

新天子朱由校也禀赋了乃祖乃父贪财的习性，对于诸人乘乱盗宝，极为愤怒，立即传谕把这些人交由刑部严办。这些内侍都已财多势大，奥援很多，到了刑部，上下打点，倒也无事，还散出一种流言来，说是新皇帝待先朝的妃嫔太薄，作为反击。李选侍的宫人、内监由于忽然失势，也极不满，对此也就加意宣扬，一时倒闹得宫里、宫外，怨声不绝。加之在移宫一事中出力最多的杨涟也有些愚执不化，他在李选侍迁离后便曾宣说："选侍不移宫，非所以尊天子；既移宫，又当有以安选侍。是在诸公调护，无使中官取快私仇。"他的这番话，更加重了薄待先朝妃嫔的流言，甚至传出了李选侍投缳自尽，皇八妹（朱由校同父异母的妹妹）投井自杀的传闻。御史贾继春觉得这倒是个机会，便上书内阁，责怪他们于新君即位伊始，便导以违忤先皇，逼逐庶母。他还列举明孝宗不罪万贵妃[1]、明光

---

[1] 这个万贵妃是山东诸城人，她于宣德九年（1434），年仅四岁时，便被选入宫中，在明宪宗朱见深的祖母孙皇后的宫里为宫女。她比明宪宗大十九岁，宪宗即位才只有十六岁，她那时却已年达三十五岁了。她在朱见深

已经自知不行的皇帝很想试试这个仙方,命人即刻献上红丸

群臣积愤已极，纷纷涌到乾清宫外，喧叫着要李选侍赶快搬离

宗宽容郑贵妃两事，要阁臣辅佐新君，取法于此。他在结尾时更切实地说，"而玉体未寒，爱妾莫保，忝为臣子，夫独何心！"贾继春之上书内阁，暗中也有迎合主张移宫稍缓的首辅方从哲的用意，想借此取悦于首辅方从哲，日后可以有些好处。但是那时的门户之见已深，凡是敢为李选侍说话的，便都被目为奸邪，方从哲自己都已不敢出声了，如今忽然半路里又杀出个贾继春来，那还了得！为此，给事中周朝瑞等便迎头给了贾继春一阵痛骂，彰明较著地把他说成了奸党。贾继春岂肯示弱，便又上书反攻，书中有"伶仃之皇八妹，入井谁怜；孀寡之未亡人，雉经莫诉"等句，把外间的传言，以骈句加以宣扬。他这两句，一时倒成了名句，一时举朝内外都在传诵，连刑部尚书黄克缵也很受其影响，对此加以探问，事情竟然闹到才即位的新君

---

（接上页）还是东宫太子时便已侍奉了他，并很得宠，而且她的得宠还一直不衰，不但皇后吴氏因她而被废，六宫诸妃也都备受她的酷虐。她自己不育，因而后宫如果有人有孕，都会被她用药，把胎儿硬打下来。明孝宗朱祐樘的生母纪氏怀上了明孝宗后，万贵妃曾命人予以钩治，是奉命的人瞒哄了她，孝宗才得安全生下来的。他生下后，随同生母隐藏在冷宫地带，长到五六岁时还担心被人知道，连胎发都不敢剪。朱见深晚年自叹老而无子，内监张敏才冒死奏明，使他们父子得以相见。纪氏也被封为淑妃。不久，纪淑妃突然暴亡，内监张敏也吞金自尽。据说都是万贵妃对他们下的毒手。

明宪宗去世，孝宗即位为帝后，御史曹璘疏请削夺万贵妃的封号，鱼台县的县丞徐顼也疏请捕治诊视纪淑妃的医生和万氏家属，要他们供出谋害纪淑妃的情况。明孝宗认为，这么做有违他父亲宪宗的心意，没有那么办理。他死后被谥为孝宗，主要就是为了他能不伤父意。

不得不亲自出面，降下谕来，说明此事。他在谕内列举了李选侍的种种罪行，例如殴辱他的生母，要挟要封皇后，妄图垂帘听政，等等。并说"大小臣工，惟私李党，责备朕躬"。谕文降入内阁，要阁臣拟旨公布。首辅方从哲认为不妥，说是"迹或涉于彰父之过"，运用他作为首辅的封驳权，封还了这道上谕，没有把它发出。这时杨涟也觉得贾继春的前后两书影响很大，不能不把内情向外说明，澄清那些流言。于是他也上了《敬述移宫始末疏》，说明情况。他在疏中还说："选侍自裁，皇八妹入井，蜚语何自，臣安敢无言。臣宁使今日忤选侍，无宁使移宫不速，不幸而成女后独览文书，称制垂帘之事。"新君下诏奖誉了杨涟志安社稷，并也降谕证明杨涟听说的都是实情。那道敕文把事情说得也很详细，大致是这样的：

> 九月一日，皇考宾天，大臣入宫哭临毕，因请朝见。选侍阻朕暖阁，司礼监官固请，乃得出。既许复悔，又使李进忠等再三趣回。及朕至乾清宫丹陛，进忠等犹牵朕衣不释。甫至前宫门，又数数遣人令朕还，毋御文华殿也。此诸臣所目睹。察选侍行事，明欲要挟朕躬，垂帘听政。朕蒙皇考令选侍抚视，饮膳衣服皆皇祖、皇考赐也，选侍侮慢凌虐，朕昼夜涕泣，皇考自知其惧，时加劝慰。若避宫不早，则爪牙成列，

## 移 宫

朕且不知若何矣,选侍因殴崩圣母,自忖有罪,每使宫人窃伺,不令朕与圣母旧侍言,有辄捕去。朕之苦衷,外廷岂能尽悉。乃诸臣不念圣母,惟党选侍,妄生谤议,轻重失伦,理法焉在!朕今停选侍封号,以慰圣母在天之灵;厚养选侍及皇八妹,以敬遵皇考之意。尔诸臣可以仰体朕心矣。

这道敕谕支持了杨涟,却也使贾继春和另一些人忌恨。贾继春借出巡江西之便躲出去了,暗中却指使同伙散布流言,说杨涟结纳内监王安,想被任为阁臣。杨涟是个烈性人,哪里受得了这个?一面抗章申辩、请退,一面便去往城外候命,以示请退的决心。朱由校又褒奖了杨涟的忠直,而以流言确也太多,便准许杨涟暂且回籍。

次年春季,贾继春才从江西回来。那时已经改元"天启",杨涟也回家了。贾继春在路上打探得知,杨涟虽去,他的事却没完。于是他便先不回京,且先绕道回家,并先驰递一疏,说明他要上疏给阁臣的缘故。他在疏中有"威福大权,莫听中涓旁落"一语,内监王安便以此激使天启发怒,严旨切责,要贾继春明白回奏,他这样说用心何在?贾继春慌了手脚,忙上疏认罪,说是凡他所说各事,都是道听途说,实该万死。但哀恳也并无用,连上疏为他求免的人,也都几乎得罪。

贾继春受到了"除名永锢"的处分。这实是很重的处罚，一般说来，受到这样的处分，便与仕途绝缘了。但他却并未如此，四年以后，他忽被魏忠贤以中旨召复原官，并和杨涟为了移宫一案，又大干了一场。魏忠贤倒台后，他也以交结近侍的罪名，被判处徒罪三年。这时他才愁恨而死。

# 《三朝要典》\*，三案翻了过来

---

\* 《三朝要典》所指的三朝，便是万历、泰昌和天启三朝，因为三案的全部过程，至天启时实已历时三朝。虽然中间的泰昌为期实在太短。

以上各章，已将梃击、红丸、移宫三案的始末和结果都作了叙说。严格说来，三案都应属于宫廷案件，在元凶已获，罪人斯得，原已可算了结。但由每一案件自发生以至暂结，都牵扯到很多复杂的关系，盘根错节，很难了断，以致每案虽结，却都不能彻底，总都留有一些重新爆发的隐患，使当时的有识之士仍暗暗担心，觉得矛盾未消，祸乱堪虞。所以如此，这是由于明代自始便是以各个部门之间相互制约来增重帝权的，随之而来的便是诸臣之间相互勾结，渐成门户。到了明末，门户更多，争斗益烈，而且内外相结，自后妃、诸王、内监、外戚、阁臣、九卿、言官、外吏，以至去官乡居的名人、学士，无不涉及门户之争，各有一派。但是派别虽多，小的争论固然各自有异，遇到大的论争，声气相通者又常相互依附，与相异者共争。这样，就又常成为相互对立的两派。万历、天启间的御史焦源溥在论及两派互争的一疏中，把这两派称为"忠"与"非忠"的两派。他认为，在万历时，为着要使皇长子得立而出力的人，便属于忠派；站在郑贵妃那一边的人，便是属于非忠的。到了明光宗已即位为帝以后，为维护太子妃郭氏和天启的生母王氏的名号而力争的，便属于忠派；为李选侍而争的人，便属于非忠。焦源溥所说的"忠"与"非忠"，是疏文中的用语，其实外廷以至民间常是直以忠奸为称，区别二者。被认为是忠党的人，一是由于他们的主张合乎公论，循于正统；二是这类人中，为官清正、廉洁自持的人也较多，于是便被赞为忠党。另一派人，很多都是趋炎附势之徒，所为都要图谋私利，其中廉洁的人极少，所为又常有悖于公论，所以人们便常骂他们为奸臣，派为奸党。这两党之间，虽然也有些自以为是不偏不倚的中间派，但在人们的心目中，却总是非此即彼，不容有所中立。想要居中的人，弄到两头挨骂的时候，也是很常见的。譬如那时的刑部尚书黄克缵，便是想要持平居中，两不相附的人，但东林党人却把他目为奸党，他上疏和焦源溥相驳，认为焦的忠与非忠之说并不全对，甚至身居帝位的天启也卷入了派系之中，他为此便曾怒责黄克缵"轻肆无忌，不谙忠孝"，直到黄克缵惶恐谢罪才罢。

这位天启皇帝朱由校，即位之初原与忠党的观点一致。他之怒责黄克缵，一是由于太子妃郭氏是他的嫡母，而王氏是他的生母，另外也由于他是被王安、刘一燝、杨涟等人奋力从李选侍手中夺了出来，才得以登上帝位的，自然对于很多事情的看法也与他们一样。但他虽已年逾一十六岁，由于缺乏定见，所以极易改变，仍然像个孩子，过后不久，突然变得判若两人，虽然不为无因，但当时在他左右的人，都是很难想到的。

在天启改元前夕，首辅方从哲已因多方被劾，自请去官，前首辅叶向高又被召回，重为首辅。天启改元后，辅臣共有八人：首辅叶向高、次辅刘一燝，以下依次是韩爌、史继偕、沈漼、朱国祚、何宗彦、孙如游。叶向高是在方从哲之前的首辅，为人正派，威望很高。刘一燝是抢护天启出力最多的人，方从哲去后，叶向高未到之时，他曾有一段时期暂为首辅。他们以下的六个人，除了沈漼是方从哲所荐，后来又与魏忠贤暗有勾结外，别的人都很正派，因此一时颇有内阁得人之称，有人甚至以为，可以由此望治。但在万历时代积久的腐朽混乱之后，君臣都是精干有为，望治也已不易，像天启这样的人坐了江山，如何会有望治的希望呢？

说来，这位天启乃是明光宗的皇长子、万历帝的皇长孙，在封建帝室中，他的地位是无与伦比的，原该受到很好的照料和教育。不过，实际说来，他所受到的教育却是极少，在明代一十六帝中，他可算最差的一个了。这也是环境特殊所致。因为，他的父亲朱常洛半生都是在危惧飘零之中，地位总是极难巩固。他自顾不暇，哪里还能顾及到自己的儿子。他的母亲，就是那个被李选侍殴打致死的王选侍，她更自顾不暇了。所以，老实说来，这位皇长孙，地位虽优，却缺少人理会。教导、照管他的人，没有专门配给。从小便是由他的乳母客氏带着，躲在太子宫的一个角落里，凄凉孤苦地悄悄长大起来的。他对他的乳母感情特别深厚，几乎离不开她，这也由于多少年来，客氏不单是他的乳母，也是一个可以为他解除孤独、给予安慰的庇护者。由于生长在动荡危乱的环境中，天启很胆小，好哭。李选侍派人追他回去时，追到他的人向刘一燝说，"哥儿胆小，怕见生人"，说的确是实话。他传谕诸臣时，自己也说，"六七日来，朕无日不在涕泣之中"，说的也是实话。他自即位以来，外廷依靠刘一燝、周嘉谟、杨涟、左光斗等人，内廷则全靠王安。他之依靠这些人，并非出于认识或是信赖，而是有如儿童依靠成人那样，只是一种依赖。他所深信的，真心以为依靠的，却只有客氏。因此，魏忠贤掌握住了客氏，天启便很自然地也落入了他们掌握之中。

　　天启对于客氏，实在爱之有如生母，在他初即位时，正是红丸、移宫两案一时俱发，举朝上下都极纷乱，而他却什么也都不顾，首先便是，立刻迫不及待地将客氏封为奉圣夫人，把客氏的儿子侯国兴、弟弟客光先，也都封了官。次年改元，他已年及十七，四月间大婚，已册立了皇后郭氏，但他仍然舍不得离开客氏。依例，皇帝已婚之后，便是嫡母、生母也要离开他，迁出宫去，乳母自然更不消说了。因此，就在天启婚后，御史毕佐周和刘兰便都上疏请令客氏迁出，大学士刘一燝也提到了这件事。天启极为不舍，仍想留她住在宫里。他说："皇后年幼，全靠乳媪保护，等皇祖（万历）下葬后再说吧。"后来谏疏纷至，他迫于众议，才只好让客氏离去。但他每日思念，常至流涕，有时甚至想得饭也吃不下去，最后还是传出特旨，仍把客氏召回，才算了事。

　　魏忠贤之所以得势，也是由于他和客氏建立下了特殊的关系而造成的。他原本姓魏，入宫为太监时，却改名为李进忠。在得侍奉天启后，恢复了原姓，天启又赐名为忠贤，所以此后他便又以魏忠贤为名。他初入宫时，原本拜在大太监魏朝的名下。这个魏朝，那时便和客氏有"对食"的关系。所谓"对食"，便是宫中有权势的太监，虽并不能人道，却还要在宫中找个宫女或别样的女人共同居处，俨然有如夫妻。宫中称这种关系叫"对食"。有时也称这一类的女人为××的"菜户"。魏忠贤师事魏朝，和他的"菜户"客氏也混得很熟，并且更得其欢心，渐渐他竟挤开了魏朝，使客氏倒成了他的"菜户"了。关于魏忠贤和客氏，一时有很多小说都提到了他们，有的还描写得极为不堪，有的甚至于说，魏忠贤并不是个完全不能人道的太监，所以客氏才那么离不了他。这些都是流行于当时市间的夸张之词，我们且不管它。但他们二人，当时人称"客、魏"，关系之密，却也不在话下。他们所以亲密至此，性情相投，彼此又相互利用，大概是最主要的原因。

客氏实在是把魏忠贤送上台去的主要力量。最主要的当然是由她而使得天启信任和依靠了魏忠贤。还有魏忠贤能从惜薪司调往司礼监为秉笔太监，后来又得到了提督东厂事务的任命，也都是由客氏为他营办的。更稀奇的却是，位分原在魏忠贤之上的，司礼监掌印太监王体乾，竟心甘情愿反居于魏忠贤之下，一切都听他的指挥、调度，也是由客氏给他安排下来的。而她之所以能得如此，则与她曾帮王体乾登上了司礼监掌印太监位置有关。原来天启初立之时，升任司礼监掌印太监原是王安分内的事，王安也自觉别无对手，便依例一再推辞，认为辞而后得，这才体面。那时王体乾也想谋取这个位置，又得知客氏和魏忠贤都很怕王安得任此职，便托他们代为谋取，条件则是，事成之后，他甘愿在魏忠贤之下，一切都听他的调度、指挥。由于掌印太监要有批朱、拟旨等项工作，魏忠贤识字有限，不能胜任，所以客氏便答应在这种条件之下，帮他谋取。事成之后，王体乾果然事事都让着魏忠贤一头，因他们既能代他谋到，便也可以又行取去，不低他们一头，也办不到。

这魏忠贤虽说识字不多，但手段却并不少。他早已看透了天启，不过是个无知的孩子，并且发现，他与其父其祖一样，也是贪财好酒、耽于女色。这些弱点，魏忠贤立即加以利用，还诱使这个孩子过早地服上了春药。他使人进献一种名为"灵露饮"的药，天启初服之后，觉得既能助兴，又提精神，很是高兴。但服得久了，却渐变得周身浮肿，精神委顿。明代的皇帝，除去朱元璋和朱棣活得较长之外，寿数都不算高，大多是才过中年便下世了，但其中享年最不久的，还要数到天启。他才只二十三岁便去世了，可以说是夭亡。所以竟会如此，魏忠贤极力诱导着他恣情纵欲，春药服用得太多，不能不说是一个主要的原因。

　　魏忠贤还发现了天启有个特别的癖好，便也加以利用。原来天启自幼孤零无依，便躲在一边，自己找点材料，以做些小房子来自乐。久后技巧日进，成品日精，每日劈削刨锯，油漆彩画，竟自成了癖好。当上了皇帝，他的这种癖好更有所发展。环境变了，工具、材料样样方便，他更乐此不疲，哪里还会想到成为国君应该勤劳国事，日理万机。魏忠贤利用他的这一点，就是每逢他做到最为高兴时便来奏事。天启这时最怕有人前来打扰，总是忙着让他走开。"你都看着办吧，怎么办都行！"他老是这么说着让他快走。魏忠贤要的正是这个，于是立即便以天启的名义来办他的事了。魏忠贤后来称为"九千岁"，被人认为是站着的皇上，所靠的便是，他把这个孩子已可玩弄于股掌之上。

明代自始至终便是在官僚机构内部安排矛盾，使能彼此牵制，以便增重帝权，一切都由皇帝说了算。明代诸帝中，虽有很多幼主和倦于理事的人在位，却仍能把皇位坐得牢牢的，这是他们所建立的机构的成功之处。但从万历以至天启，诸事不理还要乱搞了几十年，把国事搞到凋敝腐朽之至无法挽救，只有坐待其亡，却又是他们苦心经营这些制度时所没想到的。

　　魏忠贤控制住了天启，更向各方面扩充他的势力。他不但把内监二十四衙门都完全控制在手内，进一步更把手伸向了外廷。在阁臣中，沈潅是方从哲那一系的，和他早就有勾结，但并不以此为足，还更设法把依附了他的顾秉谦和魏广微都塞入阁中，替他办事。这顾秉谦，便是杨涟在劾魏忠贤一疏中，讥之为"门生宰相"的那个人。魏广微的父亲魏元贞倒是个正直人，在朝时名声很好。魏忠贤因为和他们是同姓，且又是同乡，很愿意和他们拉拢。魏广微也觉得这条路是个好门径，因而一拍即合，就此成为一党。继二人之后，因依附魏忠贤而入阁的，又有黄立极、施凤来、张瑞图等几个人，内阁也就控制在魏忠贤的手中了。但是，在投靠他的人里面，被认为最得力的，却是并没能入阁的崔呈秀。这崔呈秀，是个善于钻营、到处伸手的御史，他的贪污案发，都御史高攀龙和吏部尚书赵南星要来办他。崔呈秀为了解救自己，便到魏忠贤处去乞怜，叩头哀哭，并认魏忠贤为父。魏忠贤运用自己的力量包庇了他，从此崔呈秀便成为魏忠贤的死党。他这人极为狡诈，极会出坏主意，因而成了魏忠贤的第一个谋主。魏忠贤的党羽极多，最出名的，以势位而言，有"五虎""五彪""十狗""十孩儿""四十孙"等等名目。作恶最多的"五虎"，便是以崔呈秀为首，以下的四人则是田吉、吴淳夫、李夔龙、倪文焕。这五个人都是文臣，是专给魏忠贤出谋划策的。在"五虎"之下的"五彪"是：田尔耕、许显纯、孙去鹤、杨寰和崔应元。这五个人都是武臣，又都在锦衣卫镇抚司、东厂等类处所任事，是专替魏忠贤捕杀异己的人物。"十狗"比不上"五虎"和"五彪"，但也都是些专出坏点子的人。他们之中，有名的有吏部尚书周应秋、太仆寺少卿曹钦程，还有那个最先向天启进"灵露饮"的霍维华。"十孩儿"中出名的有李蕃和李鲁生，他们比"十狗"又要差些了，但他们却也和崔呈秀一样，是魏忠贤的干儿。至于"四十孙"，那可就连干儿也当不成，只好当孙子，喊魏忠贤为爷爷了。

由于人以类聚，物以群分，以前被称为奸党的那些人，差不多都聚集到魏忠贤手下来了。在三案中，他们都吃了败仗，确实都极不甘心，眼见得魏忠贤的势力越来越大，已都跃跃欲试，想重新翻案，把那些自称忠党的人再打下去。魏忠贤也是在移宫一案中吃过败仗的，他的属下又屡受那些人的攻击，天启二年（1622），杨涟还上疏劾他，说他共有二十四条大罪。这些他都记在心里，只因当时阁臣之中正人尚多，他没有左右阁臣的力量，所以暂时先搁下了。天启四年（1624）七月首辅叶向高已致仕回家，次辅刘一燝在更前些的时候便已离去，在内阁中，他安置下来的人也已多了一些，所以他便认为，借三案来打击那些反对他的人的时机已到，还要进一步将那些人除尽，把自己的势力更扩大一些。他们为了翻案，事先也做了不少准备，先在暗中修成了《三朝要典》一书，把翻案的要点都先已定好。继而又作出了些类如《东林点将录》《缙绅便览》《东林同志录》等黑名单式的小册子，以便"按图索骥"，一个也不让漏网。

翻案最先还是从梃击一案开始。这倒并不是以时间先后为序，而是因为从这一案可以用得罪先帝为名，最易找到借口。原来，自从王之寀用非常的手段查出了实情，虽然得到了胜利，但因显然危及了郑贵妃及其一家，使万历本人都陷入了困境，不知费了多少心力，才得勉强告一段落。为此，万历对王之寀实已怀恨在心，当时虽然无从下手，但总想找个机会来惩治他。皇帝有这种意图，迎合他的心思的人自然很多。果然只过了两年，到万历四十五年（1617）京察（对官吏按期考核，名为"京察"）之时，给事中徐绍吉、御史韩浚便对王之寀加以罗织，说他贪污有据，给了他一个削去官籍的处分。王之寀被削籍回家后，直到天启改元才有人为他讼冤，又得入京为官，并做到了刑部侍郎。由于他一直在刑部为官，提到三案情况的时候较多，他又常常矜夸自己，时常讥讽那些说张差是疯子的人，所以初审此案的人，如刘廷元、胡士相等人，便都恨之入骨。等到翻案之风初起，王之寀便以"捏造案情，用以敲诈"的罪名受到了围攻，先被给以"除名"的处分还不算够，终至说他借此向郑国泰逼索过赃银两万两，把他抓入狱中，要勒索赃银八千两，按期追比，竟把他逼死在狱中。

先把主要的人物攻倒，然后说他得了若干赃银，抓入狱中，令其赔退。赔退不出，便要按期追比。所谓追比，便是按期用刑逼索。很多的人，都是被这么按期加以折磨而死在狱中的。

在《三朝要典》里，梃击一案的罪魁被认定是王之寀，所以对他也逼得最紧，折磨最甚。别的一些人，只要是附和过王之寀的，或者是攻击过方从哲的，也被作为从犯，都没有放过。魏忠贤一伙，很想把方从哲再请出来，让他重任首辅。他们已敦请过他多次。方从哲为人并不正派，并且也极贪财好势，但他看事终较魏广微等要高一筹，他觉得魏忠贤他们所搞的那一套，实在太过险恶，为了保住自己，所以坚决不干。他这一手倒很高明，所以魏忠贤倒台后，他倒保持住了自己安全，没有丽名逆案。

在《三朝要典》里，红丸案的祸首是孙慎行。最先向

汪文言辗转托人，最后竟把门路走到了对头魏忠贤那里

崇祯煤山自尽

他发动进攻的是张纳，孙慎行受到了"削夺"的处分。所谓"削夺"，便是不但削去了他在官的籍名，还把他所有的官阶、所得的封号，都加以夺除的意思。但这样也还没完，因为有个刘志选不肯甘心，连上两疏，论述其罪，终于把他定了个流戍之罪，要遣戍宁夏。好在那时文书往来极慢，定罪之后，还未成行，便赶上了天启死去、崇祯继立，孙慎行才得到了赦免。

翻红丸一案，主要在于报复那些疏论崔文升和李可灼二人罪行的人。东林党人所上的论疏最多，所以这一翻案也以东林党人所受的牵连最大。东林党的重要人物，如邹元标、高攀龙、李三才等人，都受到了追论。邹元标和李三才那时都已去世，但是还都受到了削夺的处分。高攀龙曾要严治崔呈秀的贪污罪，如今翻了过来，崔呈秀如何饶得了他，早已派出缇骑要把他逮进京去论罪。高攀龙是在缇骑将到时自沉于池而死的，但就这样也还是不能逃过崔呈秀的报复，缇骑硬是把他的儿子高世儒也锁拿进京，最后问了个徒罪。

移宫的罪魁并指为是杨涟和左光斗两个人。和另外两案比起来，杨、左二人所受的折磨可就比那两案中的人，要惨得多了。魏忠贤最恨杨涟和左光斗，因为这两个人都极力攻击过他。杨涟疏劾魏忠贤有二十四条大罪。左光斗疏劾过魏忠贤和魏广微，说他们有可斩之罪三十二条。为了要重新挑起移宫案的旧事，魏忠贤想到了被"除名永锢"的贾继春，这个人就是一直和杨涟与左光斗互争的，把他找来，一定有用。但是"除名永锢"的人不能离家一步，要调回他来又很麻烦，只有径以中旨召他入京复官才最方便。所谓中旨，便是略去票拟、批朱等类程序，直接以皇帝的名义颁发的旨意。按照明朝的规例，这种中旨是不合法的，阁臣有权加以阻驳，九卿也都可以拒不奉行。但在封建皇朝，所有的规例等，在要它发挥作用时，倒像是铁的定则，不可或违；在不需要用它时，那些规例就又成了具文。明代诸帝中没有出过中旨要这、要那的，实在很少。天启在这方面是最突出的一个，他在位的时间虽短，发出的中旨却多。其实这些中旨都是魏忠贤打着他的旗号代发的，他自己常是什么都不知道。

贾继春原是被天启处以"除名永锢"的，如今又被以中旨召回复官了。他当然明白，何以又会把他召回复官，所以回京之后，首先便是疏论移宫，攻击杨涟和左光斗。他说："涟与光斗目无先皇，罪不容死。且涟因傅櫆发汪文言事，知祸及，故上劾内疏、先发制人。天地祖宗所必殛，而止坐纳贿结党，则涟等当死之罪未大曝天下。宜速定爰书，布中外，昭史册，使后世知朝廷之罪涟等以不道无人臣礼也。"这是一篇精心策划、暗藏毒计的疏文。疏中"劾内"一语是贾继春生编硬造的，所谓"劾内疏"，便是指杨涟劾魏忠贤有二十四条大罪的那个疏文。贾继春不敢触及魏忠贤的名讳,才造出了"劾内"一语。内者,内监也,魏忠贤是内监,所以劾他便成了"劾内"。疏中提到汪文言,是为了要把杨涟等纳入汪文言一案,才便于用刑逼赃。所谓定爰书,是说《三朝要典》要尽快公布,以定是非。这一疏本,有如事件进行的方案,后来的事情,都是按照他的说法来进行的,有些做得还更彻底,譬如为了要使对三案的记载相互一致,他们甚至连《神宗实录》《光宗实录》也都改写过了。

所谓汪文言案,倒是很复杂的。汪文言这人倒可算得是个怪人,他读书很多,可以说是满腹经纶,但却从未经过科考,所以只能以县吏开始走入官场。作为县吏,由于他仗义任侠、多智数、善权变,很快便已声名远扬,被人当作是有如及时雨宋公明那样的人物。万历末年,刑部郎中于玉立告病回乡,需要有个人能为他探听京中的各样消息,便找到了汪文言,于是汪便捐了个监生,进入太学读书,借以探听消息。他这个人极善交游,很快便结识了很多朋友,并且还结识了在东宫为当时的太子朱常洛伴读的内监王安。王安维护东宫很出了些力,其中有很多事便是由汪文言在暗中为他策划的。万历死后,内廷全由王安主持,汪文言更受到了倚靠,简直成了王安的智囊。通过王安,他和外廷诸人,如刘一燝、韩爌、杨涟、左光斗等也结识了,并很受到他们的看重。叶向高重为首辅后,也极看重汪文言，荐他做了内阁中书。这内阁中书品位并不算高，但汪文言做来却极煊赫显耀，他和内阁九卿都有往来，户外常是车马盈门，极为热闹。

汪文言所相与的都是一些与魏忠贤对立的人，所以他与魏忠贤之间的关系就很紧张。魏忠贤不断地给他以打击，褫去监生，逮入监狱，褫职、廷杖……很多麻烦都落到了汪文言的头上。但汪文言却也不凡，虽然有魏忠贤和他作对，还是诸事都能化解，仍旧活跃在京里。辽东经略熊廷弼因边事受诬，似将论死，竟也还是恳托汪文言代他设法。汪文言辗转托人，最后竟把门路走到了魏忠贤那里。在魏忠贤那里，已经谈妥，孝敬四万银子，保管无事。不巧的是，款难凑出，最后竟成了空话。魏忠贤既心疼即将到手的银子，又晓得了最初的牵线人竟是他所恨的汪文言，更是大怒，便立将汪文言捕入狱中，交由许显纯来审问，并要他把赵南星、杨涟、左光斗、魏大中、王之寀等人都牵扯进去。汪文言备受酷刑，始终不屈，但这实则无用，许显纯拷问不出他想要的口供，并不着急，他已惯于弄虚作假，叫来了文案，叫他们伪造出一份汪文言的供词，造得尽合其意，把想牵扯入案的人，全都纳入了供词里面。

杨涟和左光斗，最终都以"党同伐异，招权纳贿"被定罪追赃。和他们同罪的，还有魏大中、周朝瑞、袁化中、顾大章等人。各人应须追缴的金额各有不同，杨涟和左光斗都是两万两,魏大中则只有三千两,周朝瑞是一万两,袁化中六千两,顾大章的数目最多,竟达四万两。以另案被逮的赵南星和王之寀,也要追比赃银,赵南星坐赃一万五千两,王之寀则是八千两。这些人大都清廉为官,哪里交得出那么些银子?但这倒也正合人意,因为他们的用意便不在收银而在"追比"。你拿不出银子来,我可要拷比用刑了。杨涟和左光斗,都是被五日一"追比"、五日一"追比"地,给打得体无完肤,最后都死在狱中。赵南星因曾身为阁臣,究竟要不同些,他虽没有受过刑辱,但是亲自来逮捕他的巡抚郭南友和巡按马逢皋,还是用当着他的面来笞打他的儿子赵清衡、外孙王钟庞来羞辱他。他被诬的那一万五千两赃银,虽由亲友们凑集着代他交足了,但是赵南星和他的儿子与外孙,还是没能躲过遣戍的罪名。

　　三案的主要人物,在天启五年(1625)秋大都已被定了罪。这些人虽然或死或戍都已就绪,但在魏忠贤一帮人看来,案子离着完结还远,因他们所修的《三朝要典》,直到天启六年(1626)才告完成,那里面还有很多的从属人物,也得一一逮捕归案。然而他们的愿望终归没能完全达成。次年,即天启七年(1627)八月,年仅二十三岁的天启皇帝终以亏损过度而御驾殡天,遗诏以他的五弟、信王朱由检嗣位,内廷、外廷都有了变化,魏忠贤等人的鸿运,为日已经不多了。

崇祯嗣位,三案又翻了回去

继天启嗣位为帝的朱由检是明代最末的一个皇帝,他是明光宗朱常洛的第五子,天启二年(1622)被封为信王,到天启六年(1626)十一月才离京之国,出居信邸。他在那里住了不到一年,次年八月,天启病危,朱由检又被召回,并受到遗命,继立为君。那时他已有十八岁了。他于即位的次年,把年号改为崇祯,由于他是亡国之君,谥号、庙号很少用到,所以人们就更习惯以年号作为代称,称之为崇祯。他的谥号称为"庄烈愍皇帝",那是清人入关后所追谥的。他的陵墓称为"思陵",所以后世也有人称他为"庄烈帝",或者是明思宗。

崇祯在幼年时,比天启还要孤弱无依。他的生母姓刘,原本是个宫女,生下他来后不久,因为触犯了那时还是太子的明光宗,受到了幽禁的处罚,以至郁郁而死。崇祯失去了生母,比天启失去生母时的年龄还要小得多,他又排行第五,在地位上也比皇长孙要差得多。他丧母后,他的父亲明光宗倒是交代过李选侍,叫她照看他。但是李选侍哪里看得上这个孩子，实际上并没有管着什么。崇祯默默地生长在深宫之中，由于自幼孤独，他养成了一种猜疑、顽固、刻薄待人的性格。他不像天启那样耽于玩耍，读书倒还用心，虽然一直没给他派有什么出色的词臣加以教授，教皇子们读书的普通师傅和伴读的内监总还是有的。在文笔和历代史事的知识上，崇祯比天启要强得多，原因就在这里。

崇祯在宫里生活到一十七岁，对于魏忠贤和他那一伙的罪恶是知之颇详的，他之国后，在外面又增多了不少认识，既知道了魏忠贤必须除去，也知道了魏忠贤虽然势大人多，但民间人人痛恨，要除掉他也并不难。在除掉魏忠贤这件事上，他能干得那么干脆利落，确实显出了他的魄力。

天启去世后，魏忠贤也有所布置。他先把崔呈秀找来，屏去左右，密谈了很久。据传，他们这次商谈的是估计自己的力量，看看夺取皇位是否可能。崔呈秀把人手估量了一下，觉得各部门虽都有人，但纠纷还多，要想篡位，怕太危险，劝魏忠贤还是稳住，继续扩张势力，以待时机。那时魏忠贤的势力实已很大，如在以前各代，实已篡位有余，但明代长期所造成的各部之间相互扯皮的风气，却使他们转动不灵，无法举事。

崇祯对于魏忠贤的权势也很清楚，他虽极想尽早把他除掉，却也未敢轻动。他先是沉着观变，让魏党摸不着头绪，继之则是依次布置自己的力量，略微显出一点风向，以待他们自乱。这种引而不发的做法，果然在魏党间引起了混乱，为了试探崇祯的意向，魏忠贤的小爪牙杨所修、杨维垣等人，先上疏劾论崔呈秀辨别风向。他们的设想很巧妙，所论者是崔呈秀，是魏忠贤一党中首屈一指的人物，但所论并不涉及魏忠贤，魏还可以相机行事，进退自如。他可以探测崇祯的意向，或者为崔呈秀辩护，把他保住，那当然是最好的事。如或不然，也可以让崔呈秀先承担住一切，然后再见机行事。崇祯对此倒还是静以待之，但外廷却为此而兴起了波涛。反魏忠贤的浪潮虽因三案的反复而被压下，其实只是表面上而已，没有被杀害、被流放的人，暗中还在集结着，等待着机会。崇祯嗣位已被人视为是有了转机，但一时也还是捉摸不定，所以没有举动。杨所修、杨维垣等人的疏文一上，却像点燃了导火线，昔时疏论魏忠贤的势头，又重新爆发了。在众多论奏的疏文中，以贡士（会试已中而未应殿试者，称"贡士"）钱嘉征劾魏忠贤有十大罪的一文，说得最全面，也最猛烈。他所说的十大罪是：一、并帝；二、蔑后；三、弄兵；四、无二祖列宗；五、克削藩封；六、无圣；七、滥爵；八、掩边功；九、朘民；十、通关节。所谓"并帝"，列举了魏忠贤威福自恣，出入警跸，甚至要人遮道拜伏，高呼"九千岁"，俨然与皇帝并立，等等。"蔑后"，则列举了魏忠贤多次排陷皇后，阴谋废黜张皇后，而另立魏良卿之女为后等事。"弄兵"指的是魏忠贤不从廷议，选了小内监三千人在禁中习武，说他是包藏祸心，图谋社稷。"无二祖列宗"和"克削藩封"，都不过是凑数，封建帝室最重列祖列宗，这是讨伐文章所必有的项目；"克削藩封"虽列举了一些事实，但这类事却是历来都有的，并不只是魏忠贤得势时为然。"无圣"说，魏忠贤的党徒竟敢拿他和孔子相比，他们说，"孔子作《春秋》，忠贤作《要典》；孔子诛少正卯，忠贤诛东林。宜建祠国学西，与先圣并尊"。他们在疏颂《要典》时，也说："命德讨罪，无微不彰，即尧舜之放四凶，举元恺，何以加焉。洵游、夏无能赞一辞者。"也竟把魏忠贤和孔子并论。在以下的几项中，以"滥爵"所举的事例最多，最终目的是，魏忠贤以一个阉人，竟得晋封为尚公，他的侄儿魏良卿竟也封了宁国公，魏良栋则也封了东安侯。

看到了钱嘉征的疏文，崇祯才开始了进攻。他把魏忠贤召上殿来，命内侍把疏文从头至尾，一句句，慢慢读给他听，先在精神上给他以打击。魏忠贤真给打垮了，他极其恐惧，尽力想方设法解救。他以万历、泰昌、天启父、子、孙都贪财好货为例，想以献宝为解。他有个叫徐应元的赌友，是一直便在崇祯左右应置的太监，贿请徐应元代他向崇祯献宝，希望能以此得救。徐应元和魏忠贤的见识相去不远，真的就替他那么干了，结果却使崇祯因此而暴怒，把这个献宝的经手人也斥革严办了。

崇祯在惩办魏忠贤时，做得也很谨慎，为了不致变生肘腋，先不予重处，只遣使他往凤阳去看守皇陵，在他已经上道，他的党羽仍都不敢稍有举动后，才又下命，叫把他逮回京里来究治。魏忠贤是在行抵阜城时又得知要逮他回京的消息的，他自知大势已去，前途凶险，便和与他同被遣发的李朝钦一道，悬梁自尽了。他们的自杀，是在天启七年（1627）十一月，上距天启去世才只有三个多月。崇祯是在十二月间才得知此事的，于是开始雷厉风行，立即下令，魏忠贤应予戮尸，并命将他的首级悬挂在河间府示众。与此同时，又命人把客氏也逮入浣衣局，用笞刑，活活地把她打死。客氏的儿子侯国兴、她的弟弟客光先和魏忠贤的侄儿魏良卿等，也于同日被押赴市曹，予以斩决正法。被戮尸的还有个崔呈秀，他也是自缢而死的。他是得知魏忠贤的死讯后，自知万难幸免，才痛饮大醉，最后上吊而死。

崇祯在尚未改元之前，即位只有几个月，便彻底粉碎了势已滔天的魏党，很给人以英明干练、胸有成竹的印象。一时朝野尽都欢呼雀跃，以为得到这样的英明之主，不难恢复以前的升平盛世。崇祯自己也为此错误地过高估计了自己的能力，以为自己真是个不世出的杰才，一心想把自己造成一个中兴的明君。其实他的成功，一在魏党不得人心，二是得力于久已形成的扯皮制度，最后才说得上是他的处置得宜。其实他的不矜不躁,从容布置,实由于深知魏忠贤的势力雄厚,不得不然,待得魏忠贤一死,他的办事常是失之于躁急的短处,便开始显示出来了。

在粉碎了魏党后,给三案被冤诸人平反和清除魏忠贤的党羽,便是两件应办理的大事。这些都是在崇祯改元后才开始的。三案平反的工作,是较易办理的一个部分,对于冤死诸臣,一一给以赠官赐恤,被遣戍的,召回并予复官,便算差不多了。在为翻案的事,为了献媚于魏忠贤而出谋划策、推波助澜的人,要查明他们的罪状则又较难,只有徐大化、刘廷元、贾继春等几个人在一开始时便受到了应得的处分,其余的还得等到彻底清除魏忠贤的党羽时才得找到。

为了彻底清除魏忠贤的党羽,崇祯召回了首辅韩爌,叫他和原已在阁中的李标、钱龙锡等人共同来办这事,定出从逆诸人的罪行。这三个人都受过魏党诸人的迫害。韩爌是生生被魏党的顾秉谦和魏广微从内阁中挤出去的,出来之后,还又被劾,受到了削籍除名的处分。最后还被坐赃两千两,他被逼得卖了田宅,住到自家的坟舍里去,才了事的。李标是被列入《东林同志录》里的人,吓得他急忙告退归隐,才得免祸。钱龙锡也是因为触犯了魏忠贤,受到了削籍的处分。这三个人虽说都受过魏党的迫害,但他们却又都是谨慎小心、不愿过为已甚的人,他们商量着,只把罪恶昭著的四五十人，略叙事实，开具名单，用以入奏。崇祯看后，认为太少，命他们再去搜检。三人又搜寻了一通，加上了几十个人，再次上奏。崇祯这次还是觉得太少，很不满意地指示他们，要从"赞导""拥戴""颂美""谄附"等几个方面仔细搜寻。并说内侍里面有些同恶共济的，也应予列入。他们三人都说，内侍的事他们很不清楚，实在很难办理。崇祯道："哪里是不清楚，无非是怕招怨而已。"几天后，崇祯又把三人召入便殿，指着案上放着的一个装得满满的布口袋向他们道："这里面装的都是奸党所上的疏文，可以把他们都按名入案。"三人至此，才感到崇祯实是想把这件案子办个透彻。但是他们还是不想招怨，便以不习法事作为推托。崇祯见说，便又命吏部尚书王永光来协助他们。王永光也推说不习法事，崇祯就又找来刑部尚书乔允升、左都御史曹于汴，命他们也来协助。乔允升和曹于汴的任职处所都是三法司之一，当然无法再行推托，并且他们也较为敢于任事，所以从事之际，虽然王永光别有用心，多方阻扰，逆案中的各类人数，还是搜集到差不多了。

这项逆案是于崇祯二年（1629）三月才办妥上奏，以《钦定逆案》为名，颁行于天下的。全案共计二百六十二人，罪名分为六等。

首逆二人：魏忠贤和客氏，被判以凌迟处死。这种判决，其实只是空话，因为魏忠贤已经自缢身亡，并被戮尸、悬头，无从再来施以极刑。客氏也是早已活活打死，无法再行处理了。这里人们再次感到，崇祯办事，不免失于急躁。

第二等的罪犯是崔呈秀、魏良卿、侯国兴和内监李永贞、李朝钦、刘若愚六人，罪名是"首逆同谋"，判的是"决不待时"。这六人中，崔呈秀也是自杀后又被戮尸，李朝钦是和魏忠贤一道上吊死的，魏良卿、侯国兴、李永贞三人都是还没判罪就已经杀了，倒真正算得是"决不待时"。六人中唯一留下来在这时才处决的，只剩下了刘若愚一人。他是由于"决不待时"项下又已无人，硬判入的，其实他并算不上什么"首逆同谋"。

第三等犯有结交近侍罪，被判为秋后处决的，共十九人。这十九人中，列在首、次两名的是刘志选和梁梦环，以下则以田尔耕、许显纯等人最为罪恶昭著。刘志选之被列于首位，是由于他在红丸案里死命攻击孙慎行；又对《三朝要典》无耻地称颂。梁梦环是汪文言一案的肇始者，在那一案里，杨涟、左光斗、魏大中、周朝瑞等多人被残害致死。

第四等的罪名是结交近侍，判了充军之罪。这一等的人共十一名，为首的是曾入阁拜相的魏广微。徐大化是想出来以追赃为由来杀害杨涟等人的，他说："彼但坐移宫罪则无赃可指，若坐纳杨镐、熊廷弼贿，则封疆事重，杀之有名。"周应秋是"十狗"之首,他在杨涟等被害后,高兴得到处去宣扬:"老天有眼,杨涟、左光斗都死了!"

第五等是结交近侍又次等,论徒三年,输赎为民。这一类的人数最多,共达一百二十九人。在这些人中,有阁臣四人:顾秉谦、冯铨、张瑞图、来宗道。官做到尚书的人更多,有王绍徽、邵辅忠、孙杰、刘廷元等二十余人。这一类人里,主谋为三案翻案的人最多,和杨涟是死对头的贾继春,也在这一等里。

第六等的人数仅次于第五等,其中也有两名阁臣,那就是黄立极和施凤来。其他的人,大多是一些内监和魏忠贤等人的亲属。这些人得到的处分是:革职闲住。

定出这件逆案,崇祯很显出了他的决心和见事的深度。他不但亲自一次又一次地选出了一些较为合宜的人来办理此案,还能在众人犹疑不定时,为他们指出重点。譬如逆案名单初定时,阁臣施凤来、张瑞图和来宗道都并未列名其间,崇祯问起缘由,韩爌等都说他们附逆并无实据。施凤来和张瑞图都是当时有名的书法家,魏忠贤生祠的碑文,和很多有关魏忠贤的碑刻,都是他们两人书写的,有的就是碑文也都出于他们之手。崇祯列举了他们撰写的碑文,反问道:"这些还算不得实据吗?"关于来宗道,崇祯也举出了他给崔呈秀的父亲的祭文,连以"在天之灵"为称,也不能不说是一种"谄附"。这样张瑞图和来宗道便都以第五等定罪，施凤来则被定为第六等。还有贾继春，原来也是案内无名的，这由于他极会随风转舵，在移宫一案里，最初他力攻杨涟，又向四处宣说杨涟结纳王安，是想借以入阁。后来因见公论都赞美杨涟，天启也连加褒奖，看来杨涟或者行将大用，于是便又转而求和，向杨涟低头，连以好言相向。他被魏忠贤以中旨召回，自知意在要他攻击杨涟，于是转过头来，又再尽力攻击，并且极言赶修《三朝要典》事关重要，务使天下后世都得知杨涟等人的罪状。天启死后，他觉得形势不佳，便又摇身一变，首先疏论崔呈秀、田吉、单明诩等人，并又称扬起杨涟等人的忠直可敬，连为救杨涟而得罪的高弘图，他也一力赞扬，尽力把自己装扮成清流派里的人物。他是这么会变，以致对他难有定论。崇祯问起他这人时，韩爌等人便说，贾继春虽多反复，但其持论却也不无可取。崇祯道："惟其反复，才正是个真正的小人！"这样一语定论，贾继春便被列入第五等，坐徒三年。还有个霍维华，更加狡猾，比贾继春更多变化。他原是个仅次于崔呈秀的魏忠贤的谋主，追论三案有他，攻讦正直阁臣有他，请改实录也有他，连给天启进献春药"甘露饮"的都是他，几乎所有的坏事，没有一件没有他的份儿的。但他干得都很隐蔽，很少留下痕迹，以致魏忠贤的党羽几乎都落了网，而他还能纵横自如，并且即将出外督师。不过，事情做得再隐秘，也总会有人知道，给事中颜继祖就注意到了他,疏论霍维华时不但揭露了他的罪行,还画出了他的脸谱。他说:"维华,狡人也,珰炽则偕珰,珰败则攻珰。击杨、左者,维华也;杨、左逮而阳为救者,亦维华也。以一给事中,三年蹿至尚书,无欽不及,有赍必加,即维华亦难以自解。"此疏一上,霍维华便被列入第四等罪人之列里,被戍往徐州。对他来说,这种处分,无疑是偏轻了,以他的所为,列入第三等也够得上是个顶儿、尖儿。

崇祯在粉碎魏党,定出逆案这件事上,虽说仍不免有失之躁急之处,依实而论实在是很难得的,他发挥出了比别人更为深至细微的作用。为此,他受到了无尽的称颂,使他自己也被胜利冲昏了头脑,从此便以神智自许,做起事来总是急切而任性,以后便再没干过一件能和这一事件相比的事来。一直搞到他在煤山自尽,还没醒悟过来,最后还要在自己的袍襟之上写下"君非亡国之君,臣皆亡国之臣"这样的话来。不过他想当个中兴的英主,倒是很下了些力的,他不迩声色,起早贪黑,可以说是辛辛苦苦走上了他的灭亡的道路。在他即位之时,可以说是灭亡之运已经注定,不但平碌如他无法挽救,就是比他再强的人,在多年的积弊之下,也很难于为力了。

# 余波

由以上各章所记，明末三案的前前后后可说大致都已提到。严格说来，这三案不过纯然是宫廷案件，而其所以竟迁延到如此之久，牵连到如此之大，则是明代自中季形成的门户之争，借此展开了斗争，有以致之。崇祯嗣位后，有钦定逆案之举，三案的是非也包括在其中，似应不再有所反复了。但三案虽又暂结，而门户之见仍在，余波却还潜在，不仅尽崇祯一朝仍自未已，甚而到了偏安于一隅的南明，三案之争仍然被人利用。

　　三案的余波，在崇祯时是从吏部尚书王永光那里暗暗发出来的。这个王永光，其实还是崇祯任命他作为韩爌、李标、钱龙锡三人的助手，要他参与订定逆案工作的一员，但他实际上却又是站在名列逆案的诸人的那一方面的。他表面上在协助定逆案，实际上却极尽牵制阻挠之能事，不过他做得很隐秘，所以没有被察觉。钱龙锡应该说是有些感觉到了的，常和他有争执，韩爌总是在他们之间做个和事佬，实际上起了些掩护王永光的作用。

## 余　波

逆案已定之后，王永光仍在发挥着他的作用，他做得很巧妙，不提三案间的是非，只在暗中设法打击定逆案的主持人，并且伺机为名列逆案者谋求复官，以增强自己的势力。韩爌待他还好，王永光便放过了他，却一心要把钱龙锡搞垮。他和后来逐渐起来的温体仁相勾结，又联合了与钱龙锡有矛盾的御史高捷和史𦮔，想像严嵩陷害夏言那样，利用袁崇焕杀掉毛文龙那一案，致钱龙锡于死命。案情进入最紧张的阶段时，他们已经命人去打扫了西市的法场，因为预计钱龙锡有可能在那里被正法。但是事实并没能使他们如愿，最后，钱龙锡到底得救了。

门户之争一直继续着，直到崇祯已经殉国，明代朝廷在江南残存时，犹自未已。在南明入阁辅政的马士英，便是以翻逆案为手段，集结起他的党羽和史可法对抗的。他入阁后，起用了很多名列逆案的人，阮大铖、杨维垣等便都又被授以重任。不但此也，他还公开宣说，《三朝要典》应予重修，以明是非。与此同时，还把名列逆案已故诸人，如霍维华、刘廷元、杨所修、徐大化、岳骏声等，都又予以追赠官爵，赐祭、赐恤。三案的是非，至此好像又要翻转来了。后来，左良玉以"清君侧"为名，引军东下，传檄声讨马士英等人时，首先开示的罪名，便也是指斥他们翻逆案和重修《三朝要典》。门户之争几乎是与明代帝室共存亡的，而三案恰又是门户之争用惯了的题目，它也可以说是与明代帝室共存亡了。